세계 1% 리더로 키우는
7세 전 **창의두뇌** 교육

KI신서 1960
세계 1%리더로 키우는
7세 전 창의두뇌교육

1판 1쇄 인쇄 2009년 6월 10일
1판 1쇄 발행 2009년 6월 15일

지은이 정철희 **펴낸이** 김영곤 **펴낸곳** (주)북이십일 21세기북스
기획 편집 나은경 김선미 **디자인** 디박스 **영업** 이경희 서재필 이종률
출판등록 2000년 5월 6일 제10-1965호
주소 (우413-756) 경기도 파주시 교하읍 문발리 파주출판단지 518-3
대표전화 031-955-2100 **팩스** 031-955-2151 **이메일** book21@book21.co.kr
홈페이지 www.book21.co.kr **커뮤니티** cafe.naver.com/21cbook

값 10,000원
ISBN 978-89-509-1919-1 03370

이 책 내용의 일부 또는 전부를 재사용하려면 반드시 ㈜북이십일의 동의를 얻어야 합니다.
잘못 만들어진 책은 구입하신 서점에서 교환해 드립니다.

세계 1% 리더로 키우는

7세전 창의두뇌 교육

자긍심과 개성이 넘치는 미래인재로 키우는 법

21세기북스

프롤로그

세상이 바뀌면 인재도 바뀐다

아이를 키우는 부모들은 하루에도 몇 번씩 마음의 전쟁을 치른다. 온 집을 헤집고 다니며 행복해하는 아이의 해맑은 얼굴을 보면, "그래, 공부가 인생의 전부는 아니야. 마음껏 놀아."라고 마음을 다독이다가도, "세 살에 한글을 뗐다. 다섯 살에 영어를 배운다."는 이야기가 들리면 "공부해서 남 주나!"며 아이를 들볶기 시작한다.

심지어 답답한 나머지 엄마 아빠는 서로에게 책임을 전가하며 다투기까지 한다. "콩 심은 데 콩 나고, 팥 심은 데 팥 난다."며 애초에 잘 가르칠 능력이 없으면 빨리 학원에라도 보내라고 성화이다.

"콩 심은 데 콩 난다."는 말은 어느 정도 맞는 말이다. 아이는 서로에게 책임을 미루는 부모의 모습을 보면서 남의 탓 하는 것을 배우기 마련이다. 이 말을 뒤집어 생각하면 부모가 올바르게 말하고 행동하면 아이들은 별다른 교육을 받지 않아도 올바르게 자란다는 뜻이기도 하다.

"도대체 커서 뭐가 되려고 저러는지. 쯧쯧."이라는 부모의 부정적인 말 한마디에도 아이의 자존감은 무너진다. "아무래도 나는 못난 사람인가봐."라며 자신감 없이 주눅 든 아이가 자신의 생각을 제대로 표현하고 재능을 발휘하기는 어려운 일이다. 아이는 자신에게 쏟아지는 부정적인 말을 듣지 않기 위해 자신의 몸을 웅크리며 최대한 평범하게 살게 된다.

성적 지상주의 사회에서 부모가 아이의 공부를 걱정하는 것은 어찌 보면 당연한 일이다. 여전히 학벌을 중요시하고, 특목고도 모자라 국제중까지 설립하는 마당에 내 아이만 태연하게 공부를 등한시하게 할 수는 없는 노릇이다. 게다가 '우등생'만 성공할 수 있다는 사회 분위기에서 자유로울 부모는 많지 않다. 하지만 당장 눈앞의 세속적인 잣대보다는 세상의 변화를 읽을 필요가 있다.

21세기의 물줄기 방향은 이미 붕어빵 인재가 아니라 창의적인 인재를 귀하게 여기는 쪽으로 향하고 있다. 기존의 관습과 틀로는 변화무쌍한 이 시대에서 살아남기가 힘들다. 비즈니스, 문화, 교육 등 모든 영역에서 과거의 틀은 무너지고 조롱을 받고 있다. 그런데도 아직까지 우등생 만들기에 올인을 하여 과도한 사교육 열풍에 동조하고 아이에게 맞지 않는 옷을 입혀 아이의 숨통을 막아서야 되겠는가.

"공부를 못하니 운동이라도 시키자."고 말하는 부모는 이제 어리석은 부모의 표본처럼 되었다. 공부나 운동이나 창의성과 전문성이라는 기준으로 본다면 동등한 위치이기 때문이다. 오히려 어정쩡한 학습 성적을 가지고 끙끙대는 아이보다 탁월한 운동 재능을 보이며 활동하는 아이가 더 '똑똑'한 법이다. 어디 김연아가 공부를 못해서 피겨의 천재가 됐을까? 신지애가 공부를 못해서 골프를 했을까?

창의성과 재능은 공부의 차선책이 아니다. 아니, 공부마저도 창의성과 재능의 기준으로 판단해야 한다. 남들이 하는 것이니, 또는 좋은 회사에 취직하기 위해서가 아니라 아이의 재능이 학문 연구와 논리성 등으로 발달했기에 '학문적인 공부'를 하는 것이어야 한다.

일본에서는 도쿄대를 졸업해서 관료가 되는 것이 성공한 삶이라는 이야기가 있다. 그러려면 유치원 때부터 특정 사설 유치원을 다니고, 초등학교, 중학교, 고등학교까지 특정 학교를 나와야만 한다. 여섯 살도 되기 전부터 아이의 인생이 정해져 버리고, 재능이나 창의성을 키우는 것보다 정해진 기준을 통과하는 것이 가장 중요한 과제가 되는 것이다.

그런데 지금은 어떤가. 일본에서 가장 존경받는 사람은 성공한 관료가 아니라 닌텐도 DS와 닌텐도 Wii를 만든 사람과 같은 창의적인 인물이다. 관료는 존경을 받기는커녕 조롱을 받는 무능한 대상으로 전락해 버렸다. 한국도 다르지 않다. 이제 공무원이라고 해서 안정적인 직장에 근무한다고 볼 수 없다. 퇴출과 구조조정이란 말은 어느 영역에도 성역을 두지 않는다. 그런데도 내 아이를 정해진 엘리트 코스에 집어넣겠다고 한다면 미래를 내다볼 줄 모르는 정말 무책임한 짓이 아닐 수 없다.

　21세기는 전문가의 시대이자 다양성의 시대이다. 획일적인 교육과 성공모델은 이미 지나간 과거의 이야깃거리이다. 이제 수많은 직업과 전문가가 성공한 모델로 각광받고 있다. 여기에 경제적인 부와 학벌은 존재하지 않는다. 그것은 전문성과 노력에 따른 결과물일 뿐이지, 결코 그것이 발판이 되어 성공한 것이 아니다. 바뀐 세상은 분명 창의두뇌의 시대이다.

　철학자 사르트르는 "인생이란 B와 D 사이에 놓인 C와 같다."고 했다. 즉, 인생이란 Birth(탄생)과 Death(죽음) 사이에 있는 Choice(선택)이다. 아이의 인생도 선택의 권리를 존중해 줘야 한다. 부모의 욕심 때문에, 그릇된 출세의 잣대 때문에 아이의 창의두뇌를 죽여서는 안 된다. '선택할 수 있는 삶'이란 관점에서부터 창의두뇌 발달 교육은 시작된다. 나를 쏙 빼닮은 내 아이지만 나와는 별개의 인격체이다. 생각도 다르고 행동도 다르며 꿈도 다르다. 다르다는 것이 틀리다는 것은 아니므로 아이의 생각을 자꾸만 고치려고 하지 말고 아이의 선택을 존중하고 배려해줘야 한다. 그게 바로 천재를 만드는 첫걸음이다.

2009년 6월　정철희

차 례

프롤로그 세상이 바뀌면 인재도 바뀐다   4

1장 | 21세기형 천재가 세상을 주도한다

창의두뇌가 경쟁력과 부를 창조하는 시대   :: 12 ::
누가 21세기형 천재인가?   :: 21 ::
누구나 천재가 될 수 있다   :: 29 ::

2장 | 세계를 움직이는 리더는 창의두뇌로 승부한다

부모의 태도가 창의두뇌를 만든다   :: 42 ::
창의두뇌, 7세 이전에 만들어라   :: 57 ::
놀이가 두뇌를 조직한다   :: 70 ::

3장 | 창의두뇌를 만드는 부모의 힘

"안 돼!"라고 말하지 않는다 :: 80 ::
지나친 욕심으로 아이의 천재성을 죽이지 않는다 :: 87 ::
관찰하고 또 관찰한다 :: 96 ::
아이의 행동에 담긴 메시지를 읽는다 :: 105 ::
두뇌의 적, 스트레스를 관리한다 :: 114 ::

4장 | 아이의 천재성을 120퍼센트 키우는 생활습관

아이의 선택을 존중하라 :: 128 ::
아이가 꾸며내는 이야기에 귀 기울여라 :: 136 ::
상상력의 원천인 연상력을 길러주어라 :: 142 ::
좋아하는 것에 몰입하게 하라 :: 150 ::
EQ가 IQ를 키우게 하라 :: 156 ::
칭찬에도 기술이 있다 :: 162 ::
답을 유도하지 말고 스스로 생각하게 하라 :: 168 ::

5장 | 창의두뇌를 만드는 놀이공부

노는 아이가 성공한다 :: 174 ::
오감자극 놀이법 :: 178 ::
다중지능 놀이법 :: 183 ::
창의력 계발 놀이법 :: 198 ::

에필로그 창의두뇌가 날개가 된다 206

제1장
21세기형 천재가 세상을 주도한다

21세기에는 지능지수만 높아서는 천재라고 하지 않는다.
그보다 얼마나 창의적인 생각을 할 수 있느냐가 천재를 판단하는 기준이 된다.
그래서 천재성과 창의성을 더 이상 구분하지 않는다.
인간은 누구나 다 창의력을 지니고 태어난다.
단, 잠재된 창의력을 잘 끄집어냈는지, 아닌지에 따라 그 결과가 달라질 뿐이다.

창의 두뇌가 경쟁력과 부를 창조하는 시대

세계적인 엘리베이터 회사인 오티스(Otis)의 엘리베이터는 힘들게 계단을 오르지 않아도 된다는 편리함이 있었지만 개발 초기에는 속도가 느려 이용자들의 불만을 샀다. 오티스는 고객들의 불만을 해결해 주기 위해 많은 시간과 돈, 기술을 들여야 할 상황이었다. 그런데 어느 날 이 문제는 작은 아이디어 하나로 너무나 쉽게 해결된다. 오티스의 한 여성 엘리베이터 관리인이 엘리베이터 안에 거울을 붙여 놓은 것이다. 사람들은 거울 속에 비친 자신의 모습을 보느라 엘리베이터가 이동하는 동안 지루함을 덜 느끼게 되었고, 그렇다 보니 자연히 불만도 줄어들었다. 그들의 관심을 '속도'에서 '거울'로 옮겨 간 데 따른 쾌거였다.

만약 오티스가 '엘리베이터의 속도'라는 것에만 초점을 맞추어 문제를 해결하려 했다면 어땠을까? 아마 더 많은 시간, 더 많은 비용을 들여야 했을 것이다. 아니, 어쩌면 끝끝내 고객들이 만족할 만한 속도를 내지 못했을 수도 있다. 왜냐하면 고객은 언제나 '좀 더'를 외치기 때문이다. 그런데 오티스는 고객의 관심을 '속도'에서 '거울'로 옮김으로써 불만을 완벽하게 해결했다.

오티스의 일화는 정답만 찾는다면 십중팔구는 답을 놓친다는 이치를 말해준다. 틀에 박힌 정답을 벗어나 다양한 사고로 가능성을 열 때 답을 찾을 확률이 높아지는데 이를 가능하게 해주는 것이 바로 창의력이다. 만약 여러분이 "서울에서 부산까지 가장 빨리 가는 방법은 무엇일까?"라는 질문을 받았다면 어떤 대답을 할까? 어쩌면 여러분의 머릿속은 "비행기? KTX? 승용차?"라며 정답을 찾기에 바쁠지도 모른다.

영국의 한 신문사가 '영국 끝에서 런던까지 가장 빨리 가는 법'이라는 질문을 내놓고 답을 현상 공모했다. 일등으로 당선된 답은 어떤 것이었을까? 바로 '좋은 친구와 함께 가는 것'이었다.

이제는 창의두뇌의 시대이다

판에 박힌 교육을 받고 제품설명서에 나온 대로만 일하면 되던 시절은 지났다. "모두가 Yes라고 할 때 No라고 할 수 있어야 한다."

는 광고 문구처럼 남들과 다르게 생각할 수 있는 능력이 있어야 인재로 인정받는 시대가 왔다. 똑같은 생각과 생활방식으로는 무수한 기계부품 가운데 하나로 취급받을 뿐이다. 아니, 점점 발전하는 컴퓨터의 성능을 고려한다면 어쩌면 기계만도 못한 존재로 전락하게 될지도 모른다. 애지중지 키운 내 아이가 기계부품으로 취급당한다고 생각해보라. 아찔하지 않은가.

21세기는 문화와 창의력의 시대라고 한다. 예전에는 무조건 열심히 일하며 조직에 충성을 다하는 사람을 뛰어난 인재요, 국가와 사회가 원하는 인재상이라 했지만 요즘은 그렇지 않다. 성실함으로 따지자면 기계만한 것이 어디 있을까. 기계는 전원이 나가지 않는 한 밤낮을 가리지 않고 열심히 일하니 말이다. 기계부품으로 전락하지 않으려면 컴퓨터나 기계가 할 수 없는 영역에서 인간만이 가능한 가치를 창출해 내야만 한다. 그것이 바로 사람의 창의두뇌에서 도출되는 창의력이다.

제품 하나만 보더라도 그러하다. 제아무리 뛰어난 기술력으로 완벽한 제품을 만든다 하더라도 소비자가 원하지 않으면 결국 외면당하게 된다. 기술의 완벽성이 기계의 몫이라면 '소비자가 원하는 것'을 알아내고 그것을 만족시켜주는 것은 바로 사람의 몫이다.

그런데 소비자들은 갈수록 더 좋은 것, 더 특별한 것을 원하므로 옆 사람과 다를 바 없는 평범한 생각으로는 사람들의 욕구를 만족시킬 수 없다. 그래서 21세기 디지털 시대는 기존의 생각과 아이디어가 아니라 그것을 재해석하고 새롭게 창조할 수 있는 사람이 주도하게 된다. 단 하나의 창의적인 아이디어로 세상을 움직이는 사람, 획기적인 생각으로 수많은 사람들을 먹여 살릴 수 있는 사람이 대접받는 시대가 된 것이다.

틀린 것은 없다. 다른 것이 있을 뿐이다

'다르다'는 것을 인정하지 않는 문화에서 '다른 것'은 '틀린 것', 즉 오답이 된다. 이런 문화에서는 다양한 아이디어가 나올 수 없고 독특한 상품이 나올 수도 없다. 자연히 특별한 것을 원하는 소비자의 욕구를 만족시킬 수 없으므로 경쟁에서 뒤질 수밖에 없다.

반면 '다른 것'을 '틀린 것'이 아닌, '새로운 것'으로 받아들이면 성공할 가능성이 커진다. 세계적인 상품으로 자리 잡은 3M사의 포스트잇(Post-it)도 그 중의 하나이다. 당시 연구원이었던 스펜서 실버(Spencer Silver)는 좀 더 강력한 접착제를 발명하기 위해 연구를 거듭했다. 그러던 중 그는 엉뚱하게도, 잘 붙고 잘 떼어지는 성질을 가진 접착제를 발명하게 된다. 물론 처음에는 실패작으로 생각했다.

하지만 스펜서 실버는 이 제품이 다른 용도로 사용될 수 있을지를 연구했고, 그로부터 4년 후 아트 프라이(Art Fry)에 의해 그 결실을 맺게 된다. 아트 프라이는 교회의 성가대원이었는데 찬송가 페이지를 잘 찾기 위해 미리 종이쪽지를 찬송가에 끼워두는 습관이 있었다. 그러던 중 종이에 접착물이 있다면 떨어져 나갈 일도 없고, 게다가 간단하게 떼어진다면 찬송가에 훼손도 가지 않을 것이라는 생각이 들었다. 이후 그는 스펜서 실버가 만든 '잘 붙고 잘 떨어지는 접착제'를 떠올렸고, 곧바로 샘플이 만들어졌다. 사내의 비서들이 직접 샘플링 작전에 나섰고, 그 반응은 매우 긍정적이었다. 그리고 포스트잇은 지금 세계적인 상품으로 자리 잡았다.

만약 스펜서 실버가 자신이 원하던 강력한 접착제가 아니었다는 이유로 그 '잘 붙고 잘 떨어지는 접착제'를 휴지통에 던져버렸다면? 만약 그가 한 가지 답만을 정답으로 삼고 다른 결과를 인정하지 않았다면, 즉 상상력을 발휘하지 못하거나 혹은 '다른 생각'을 하지 못했더라면? 아마도 그는 더 강력한 접착제를 발명했을지는 몰라도 지금의 포스트잇은 결코 만들어내지 못했을 것이다.

'다른 생각'이란 바로 창의력을 말한다. 새로운 것을 생각하되, 가치를 창조해낼 수 있는 능력인 창의력은 이처럼 남들과 다른 생각을 할 수 있을 때 가능하다. 똑같은 것을 보고 느끼더라도 남들과 다른, 독특한 생각을 해낼 줄 안다면 새로운 가치를 발견할 수 있는 가능성은 그만큼 높아진다.

이 세상에 완전한 무(無)에서 유(有)를 창조하는 것은 없다. 그것은 아마도 신이나 가능한 일일 것이다. 따라서 기존의 것들에서 새로운 것을 발견하고 그것을 개발해내는 능력이 중요하다. 실패의 산물이었던 접착제의 새로운 특성을 발견한 포스트잇이 그러했고, 기존의 것들을 조합해서 전혀 새로운 가치를 만들어낸 휴대폰이 그렇다. 통화만 하는 전화와 사진을 찍는 카메라는 각기 다른 물건이었다. 그러나 '다르게 생각한' 덕분에 이 두 기능을 결합한 휴대폰은 사람들의 생활방식마저 크게 바꾸어 놓았다. 이런 것이 바로 창의력의 산물이다.

Memory가 아니라 Thinking의 시대

"이해가 안 되면 무조건 외워!"

학원에서, 학교에서, 심지어는 집에서까지 우리는 아이들에게 이런 요구를 한다. "왜 그런가?"를 묻는 아이에게 "무조건 외워!"를 요구하는 것이 우리 대한민국의 교육이다. 이러한 현실에서 우리의 아이들은 더 이상 "왜?"라는 의문을 품을 수 없다.

경제협력개발기구(OECD)가 주관하는 국제학업성취도평가(PISA)에서 우리 아이들의 학습 동기는 참가국 중 가장 낮게 나타났다고 한다. 교육열을 이야기할 때 둘째가라면 서러워할 정도인데 학습동기가 최하위 수준이라니 선뜻 이해하기가 힘들 것이다. 그런데 전문가들은 당연하다며 그 원인을 '단순 주입식, 암기식' 교육에 있다고 보았다. 어디서 많이 듣던 말이다. 부모 세대가 겪었던 학교 교육의 관습이 아직도 남아 있다는 뜻이다. 사실 '일류대학병'과 '수능에 올인한 교육 환경'에서 창의력이니 상상력이니 하는 말들은 끼어들 틈도 없지 않은가. 대학입학 통지서를 받기 전까지는 오로지 반복과 주입식 교육으로 시험만 잘 치면 되기 때문에 시키는 대로 하면 된다는 생각을 아이뿐만 아니라 부모들도 하고 있다.

공부뿐만 아니라 모든 것이 누가 시키는 대로 하면 스스로 하는 능력은 떨어질 수밖에 없다. 또 계속 흥미를 가지기는커녕 질려서, 하기 싫어서 억지로 하게 된다. 왜 공부를 해야 하는지에 대해 자발적인 목표도 없이 그저 남들이 하니까 나도 해야 한다는 식의 학습이 제대로 될 리 만무하다. 목표가 없으면 도전의식도 없는 법이다. 그렇다고 "넌 무조건 의사가 되어야 해. 알겠지!" 하며 의사타령을 한다고 해서 목표가 생기는 것은 아니다. 그건 엄마 아빠의 욕심일 뿐이다.

EBS 특집 다큐멘터리 〈선진교육현장을 가다〉를 보면 시켜서 억지로 해야 하는 교육과 스스로 하는 교육의 차이를 잘 보여주고 있다. 유럽의 교육 선진국이라 할 수 있는 프랑스와 스웨덴, 그리고 핀란드를 둘러보니 그들의 교육방식은 우리와 너무나도 달랐다. 그들은 우리처럼 학원을 뺑뺑이 돌리고 문제집만 파고들게 하는 것이 아니라 다양한 경험을 쌓게 하고 자신의 능력과 소질이 어떤 것인지를 발견할 수 있는 환경부터 만들어준다. 부모나 교사들은 아이들 스스로 판단하고 움직일 수 있도록 도와주는 보조자 역할만 수행할 뿐이다.

학교의 선생님들은 아이들에게 만점을 받아야 한다며 달달 외우도록 강요하는 것이 아니라 70점 정도만 받을 수 있도록 가르친다. 그렇다면 나머지 30점은? 한마디로 "네 스스로, 혹은 친구들과 함께" 알아서 채우라는 것이다.

함께 모여서 나머지 30점을 채우기 위해 아이들은 갖가지 창의적인 아이디어를 내며 토론을 하고 머리를 맞댄다. 이렇게 공부를 하는 아이들에게 나머지 30점이란 의미가 없다. 창의적인 아이디어의 한계란 없기 때문이다. 즉 30점을 채워 100점을 만드는 것이 아니라 그 이상의 지식을 쌓아간다. 그러니 오로지 100점을 위해 학교에서, 학원에서 밤늦게까지 끙끙대며 문제집과 씨름하는 우리 아이들과 다를 수밖에 없다. 창의라고는 눈곱만큼도 찾을 수 없는 기억력 테스트에 익숙한 아이들이 이처럼 "생각을 할 줄 아는" 아이들과 경쟁해서 이길 리는 만무하다.

"머리로 기억하는 교육은 1달러의 가치도 없다."고 단언한 세계적인 경제 석학 오마에 겐이치 박사의 말처럼 기억의 시대는 종말을 고했다. 우리처럼 정답지를 꺼내놓고 채점을 하는 것도 아니요, 유일무이한 정답만이 존재하는 시대도 아니다. 다양한 관점과 기준에 따라 똑같은 사안에 대해서도 각각의 해답이 나오는 요즘 시대에는 Memory가 아니라 Thinking을 할 줄 아는 사람이 바로 문제해결의 열쇠를 쥐게 된다.

자살골을 넣어야 이긴다!

불가리아와 체코의 농구경기에서 있었던 일이다. 경기가 막바지에 이르렀을 때, 불가리아가 2점차로 앞서고 있었다. 그러나 토너먼트 대회의 순환제 룰 때문에 5점 이상으로 점수 차가 나야 다음 결선에 진출할 수 있었다. 이제 남은 시간은 고작 8초!

대부분의 사람은 불가리아가 마지막 공격에서 3점 슛을 성공시켜야만 승리할 수 있다고 생각했다. 그런데 이 작전이 꼭 성공하리라는 보장은 없다. 불가리아 감독은 선수들을 벤치로 불러 모아 작전지시를 했다. 다시 코트로 나선 선수들은 갑자기 공격을 멈추고 자살골을 넣어서 동점을 만들어버렸다. 감독의 자살골 지시는 모든 사람이 생각한 것과 전혀 다른 발상이었다. 선수들도 의아해했지만 이내 감독의 역발상에 감탄했다. 결국 연장전에 돌입한 불가리아는 5점 이상으로 점수 차를 내고 승리했다.

누가 21세기형 천재인가?

"넌 넓은 초원 위의 잔디가 되고 싶어, 아니면 벼랑 끝에 홀로 선 나무가 되고 싶어?"

아이가 친구에게 물었다.

"아니, 왜 그런 엉뚱한 걸 물어?"

친구는 어이가 없다는 듯 아이를 쳐다보았다.

"난 벼랑 끝에 우뚝 선 나무가 되고 싶어."

"왜?"

"초원은 안전하긴 하지만 잔디가 너무 많아. 게다가 하나같이 비슷비슷하잖아. 하지만 벼랑 끝에 우뚝 선 나무는 비록 위험하긴 하지만 홀로 그곳에 서 있다는 것 자체가 특별해 보이잖아. 난 평범한 사람보다 특별한 사람이 되고 싶어."

대답을 마친 아이는 다시 자신이 읽던 책으로 눈길을 옮겼다.

안전한 삶을 살며 평범한 사람이 되기보다는 위험하고 힘든 길을 가더라도 특별한 사람이 되고자 했던 아이는 어른이 되어 세계에서 손꼽히는 갑부가 되었다. 그는 수업 시간에 엉뚱한 얘기를 해 선생님에게 혼나기 일쑤였고, 부모의 손에 이끌려 정신과 상담을 받기도 했다. 하지만 그는 자신의 '엉뚱함'을 '특별함'으로 발전시켰다. 그리고 마침내 컴퓨터와 인터넷의 혁명을 이끌어냄으로써 '특별함'을 '천재성'으로 표출했다. 그가 바로 세계적인 기업 마이크로소프트를 창립한 빌 게이츠다.

컴퓨터로 대체할 수 없는 창의두뇌의 소유자

기계는 하루가 다르게 진화한다. 한 치의 오차도 없이 정확하고, 전원이 공급되는 한 무한하게 일할 수 있다. 게다가 팔다리를 자유롭게 움직이며 마치 제가 사람인 것처럼 행동하기도 한다. 하지만 기계가 아무리 진화한다 한들 딱 거기까지이다. 그들에겐 특별함이란 없다. 제아무리 잘나봤자 넓은 초원 위의 잔디일 뿐, 결코 벼랑 끝에 홀로 선 나무일 수는 없는 것이다. 벼랑 끝에 홀로 우뚝 선 나무는 세상 그 어떤 것보다도, 그 누구보다도 특별함을 뽐내며 유일무이의 경지에 올라 있다. 그것이 바로 인간의 영역인 것이다.

"마이크로소프트는 함께 일하는 사람들의 영감에 의해서 움직인다. 만약 이곳에서 핵심적인 역할을 하는 20여 명이 다른 곳으로 빠져나간다면 우리 회사는 쓰러지고 말 것이다. 아무리 인터넷 전성시대라 하더라도 앞으로 1세기 동안 마지막 결단은 항상 인간의 두뇌가 담당할 것임을 나는 확신한다."

IT의 능력보다 인간의 힘을 더 믿는다는 빌 게이츠의 말이다.

지금보다 더 똑똑한 컴퓨터가 등장하더라도 컴퓨터는 기억과 연산의 기능만 수행할 뿐이다. 온갖 변수를 다 집어넣어 계산을 하여 내놓은 답은 공식 그 자체에 따른 답일 뿐이다. 한 치 앞을 내다볼 수 없는 인간사회에서 막판에 공식의 결과가 뒤집어지는 경우는 허다하다. 스포츠 시합을 보라. 강팀과 약팀이 붙을 때, 각 팀의 전력을 공식으로 대입하여 살펴보면 당연히 강팀이 승리할 수밖에 없다. 하지만 현실은 그렇지 않다. 늘 강팀이 이기는 것은 아니다. 약팀의 반란은 컴퓨터의 연산 기능으로는 설명할 수가 없다. 빤한 공식에서 벗어나 약팀이 강팀을 이길 수 있는 방법을 찾아내는 것이 바로 컴퓨터가 할 수 없는 인간의 능력이다.

컴퓨터는 물론이거니와 상대방이 미처 생각해내지 못한 아이디어를 만들어내는 것이야말로 바로 창의력이다. 이처럼 컴퓨터가 아닌 인간의 두뇌, 좀 더 정확히 말하면 창의력을 만들어내는 '창의두뇌'야말로 새로운 가치를 창출하는 보물창고인 셈이다.

"이제 더 이상 나올 만한 획기적인 것은 없다!"고 말할 정도로 산업과 과학이 발달되었지만 하루만 지나면 이 말이 무색할 만큼 새로운 것들이 쏟아져 나오는 것 역시 상상력을 바탕으로 한 창조산업의 결과라 할 수 있다. 해리포터를 보라. 산업혁명의 원조이자 세계 초강대국이었던 영국은 자원의 고갈과 제조업의 정체로 경제위기를 겪고 있었다. 그러나 해리포터가 출간된 이후 10년 동안 300조 원이란 경제효과를 창출했다. 상상력 하나로 만들어진 책의 힘이 웬만한 제조업보다 더 큰 부가가치를 창출한 것이다. 컴퓨터가 이런 소설을 쓸 수 있을까? 당연히 아니다. "세상을 바꾸는 힘은 마법보다 상상력"이라 했던 해리포터의 저자 조앤 롤링(Joanne Kathleen Rowling)의 말은 사람들에게 꿈과 희망을 주기 위한 공연한 말잔치가 아니었다.

우리가 살고 있는 21세기는 창의력의 시대이다. 학벌이나 집안이 아니라 아이디어 하나로 성공할 수 있는 시대인 것이다. 심지어 치열한 경쟁도 창의적인 아이디어로 뚫을 수 있다. 면도기 회사인 필립스가 세계 제일의 자리를 지킬 수 있는 것도 다소 역발상의 창의성 덕분이었다. 면도기는 당연히 남자의 전유물이라 생각한다. 그런데 면도기의 값이 만만치 않다. 특히 전기면도기는 쉽게 구입할 수 있는 가격이 아니라서 구입하기를 꺼려 한다. 그런데도 필립스의 전기면도기는 잘 팔린다. 그 이유는 필립스가 생각을 달리했기 때문이다. 즉 판매대상을 남자가 아닌 여자에게 겨냥한 것이다. 아무리 절약이 몸에 밴 여자라 하더라도 남자친구나 아버지의 선물을 살 때는 지갑을 흔쾌히 연다는 사실을 주목하고 전통적인 판매방식에서 벗어나 여성들에게 접근한 것이다. 현재 필립스 면도기의 51퍼센트가 선물용으로 팔리고 있다고 한다. 이와 같이 창의적인 생각은 역시 인간의 몫이다. 다양한 변수로 가득 차 꽉 막힌 공간에서도 기발한 탈출 방법을 생각해낼 수 있는 것은 상상력의 창의두뇌가 아니고는 불가능하다.

　세상은 바야흐로 창의력의 전쟁 한가운데 놓여 있다. 앞서 말한 휴대폰이나 포스트잇뿐만 아니라 디지털 카메라, 내비게이션, 김치냉장고 등 창의두뇌의 힘으로 만들어진 제품들이 계속 등장하여 사람들의 생활방식 자체를 바꿔놓고 있다. 한마디로 우리가 살고 있는 이 시대의 경제는 "창의력 경제시대"라 부를 수 있다. 따라서 기존의 관습과 지식에 얽매이는 것이 아니라 그것을 파괴하고 새롭게 조합할 줄 아는 능력, 이른바 '창조적 파괴'를 할 수 있는 사람이야말로 이 시대에 필요한 천재이자 인재인 것이다.

팔방미인보다 한 우물 파는 인재

　천재에 대한 정의는 분분하지만, 확실한 것은 그들이 모든 분야에 천부적 재능을 보일 수는 없다는 것이다. 오히려 천재라 불리는 사람들은 특정 분야에만 두각을 드러낼 뿐, 나머지 부분에 대해서는 보통 수준이거나 그 이하의 수준인 경우가 많다. 영화 〈뷰티풀 마인드〉에 존 내쉬라는 천재적인 수학자가 나온다. 그는 학습지진아라는 꼬리표를 달 정도로 공부를 못했지만 훗날 수학계에서 해결이 불가능할 것이란 난제들을 풀어내고 노벨상까지 받았다. 수학의 천재로 알려진 존 내쉬가 한국처럼 전 과목 성적이 뛰어나 일류대학을 가야만 제대로 된 연구를 할 수 있는 풍토에 태어났다면 이런 일이 가능했을까?

"천재는 하늘이 준 재주"라고 한다. 그렇다면 천재는 정말 신에게 점지받은 신비로운 능력으로 모든 일에 뛰어난 면을 보여주는 사람을 일컫는 것일까. 수많은 영웅 신화와 위대한 인물들을 보면 천재는 마치 전지전능한 신의 대리인으로 보이기까지 한다. 하지만 자세히 들여다보면 천재는 아인슈타인이나 존 내쉬처럼 모든 것을 잘하는 사람이 아니라 한 가지를 탁월하게 잘하는 사람임을 알 수 있다.

과거에는 천재를 지능지수가 월등히 높은 사람, 공부를 잘하는 우등생, 탁월한 과학적인 업적을 남긴 사람이란 뜻으로 말했다. 그러나 지금은 뭐든지 하나만 잘하면 천재라고 한다. 천재의 인플레 현상이라고 비아냥대는 사람들도 있겠지만 사실이 그렇다. 바둑 하나로 정상의 자리에 올라서거나 골프 하나로 세계 최고의 자리에 오른 사람에게 우리는 천재라고 한다. 자신이 잘할 수 있는 단 한 가지 분야에서 최고의 자리에 올랐기에 그렇게 부르는 것이다.

수영 천재, 스케이트 천재, 골프 천재 등 21세기야말로 진정한 천재들의 시대이다. 김연아는 스케이트 천재이며, 박태환은 수영 천재이다. 그 외에도 미술이나 음악 분야에 비범한 재주를 보인다면 그 아이는 미술 천재, 또는 음악 천재라고 불린다. 수학이나 과학도 마찬가지이다. 저마다 가지고 있는 재능을 활짝 꽃 피울 수만 있다면 천재인 셈이다. 이 새로운 천재들은 자신의 재능을 살리는 일에 집중했다. 지능지수를 올리기 위해, 학교에서 '올백'을 받기 위해 자신의 재능을 썩히는 대신 자신의 재능을 최대한 살리면서 약점을 보완했다.

한 우물만을 깊이 파면, 즉 미술, 음악, 체육, 과학 등 분야에 상관없이 자신의 재능을 꽃 피우기만 하면 천재라 인정받는 시대가 되었다. 21세기 천재는 이렇게 한 분야에서 제대로, 탁월하게 하는 사람을 가리킨다.

 ## 끌리는 것에 도전하라!

태어날 때부터 뒤통수가 지나치게 크고 모가 나 있어 부모에게 걱정을 끼쳤던 아인슈타인은 4세가 되도록 말을 못하고, 7세가 되도록 글을 읽지 못했다. 초등학교에 들어간 이후 그는 선생님에게 "구구단을 외우지 못하고, 계산하는 시간이 길며, 틀린 답을 내놓기 일쑤다.", "이 아이는 어느 한 분야에서도 성공할 확률이 없다." 등 하나같이 나쁜 평가만 받아왔다. 그 결과 라틴어는 '양', 그리스어는 '가'를 받았다. 겨우 고등학교에 들어간 그는 급기야 학교를 중퇴하기에 이르렀다.

하지만 12세에 처음 기하학 책을 접한 그는, 과학은 바이올린을 연주하는 것만큼이나 행복하고 즐거운 일이라는 것을 알게 되었다. 그리고 과학의 진리를 알고 싶다는 이유 하나로 과학에만 매진했고, 마침내 '상대성 이론'을 발견하여 세계적인 천재 물리학자가 되었다.

과학이든 미술이든 체육이든 상관없다. 아이가 끌리는 것에 도전하게 도와주어라. 내 안에 숨겨진 창의력을 끄집어낼 수 있는 행복한 도전을 함으로써 아이는 21세기형 천재로 자라게 될 것이다.

누구나 천재가 될 수 있다

태어난 지 며칠 만에 첫아이를 잃은 아버지는 둘째 아이에게 더 각별한 애정을 기울였다. 그는 아이가 뱃속에 있을 때부터 아내와 함께 산책을 하고, 몸에 좋은 음식을 먹이는 등 태교에 남다른 노력을 했다. 하지만 안타깝게도 아이는 9개월 만에 조산하게 되고, 더구나 미숙아와 저능아라는 판단까지 받게 된다.

그러나 아버지는 결코 낙담하거나 좌절하지 않았다. 오히려 그는 "교육만 잘 시킨다면 재능이 50밖에 안 되는 아이도 잠재력을 80~90퍼센트 이끌어 내어 천재가 될 수 있다."며 아내를 위로했다. 그는 자신의 소신에 따라 생후 15일 만에 아이에게 지능훈련을 시작했고, 아이의 청각을 발달시키기 위해 늘 자상한 목소리로 시를 읽어 주었다. 또한 매번 다른 말투와 목소리를 흉내 내어 소리를 식별하는 능력도 키워주었다. 이웃 사람들은 "저렇게 한다고 저능아가 천재가 되는 줄 아느냐."며 비웃었지만, 그는 결코 소신을 굽히지 않았다. 그는 아이가 할 수 있는 모든 놀이와 훈련을 통해 관찰력과 상상력, 감각과 기억력을 길러 주었다.

위의 이야기는 "교육을 통해 평범한 사람도 천재가 될 수 있다."는 확고한 신념으로 조기교육과 영재교육을 주창한 칼 비테(Karl Witte)와 그의 아들 이야기이다. 놀랍게도 아들 칼 비테 주니어는 아버지의 확고한 신념과 노력 덕분에 저능아와 미숙아라는 불리한 조건을 극복했다. 그는 9세 무렵 이미 6개 국어를 자유롭게 구사하고, 10세에 최연소로 라이프치히 대학에 입학하였다. 그야말로 그 아버지의 믿음대로 천재가 된 것이다.

또 그는 13세에 철학 박사 학위를 취득하였고, 16세가 되자 법학 박사 학위를 받은 후 곧바로 법학부 교수로 임명된다. 법률공부를 더 하기 위해 18세에 이탈리아로 유학간 그는 83세의 나이로 생을 마감할 때까지 국왕의 뜻에 따라 독일의 각 대학에서 법학 강의를 계속하였다.

"될 성싶은 나무는 떡잎부터 안다."고 하지만 칼 비테 주니어의 이야기는 비록 떡잎이 부실하더라도 정성껏 영양을 주면 그 누구보다도 더 튼튼하고 아름다운 나무로 자랄 수 있음을 잘 보여준다.

모든 아이는 천재로 자랄 가능성을 갖고 태어난다

"우리 아이는 똑똑한 것 같아요. 다른 아이들보다 글을 일찍 깨우쳤거든요."

"우리 아이는 노래를 너무 잘해요. 이제 겨우 네 살인데도 음정이 정확하다니까요."

내 아이가 예뻐 보이고, 다른 아이들보다 더 똑똑하게 보이는 것은 어찌 보면 부모로서는 당연하다. 이는 해도 해도 모자람이 없는 '주관적인' 자식사랑의 표현이기도 하겠지만, 아이의 타고난 천재성을 발견한 부모의 정확한 판단일 수도 있다.

"모든 아이는 탄생하는 순간 레오나르도 다빈치가 사용했던 지능보다 높은 잠재적 지능을 지니고 있다."라고 한 글렌도만 박사의 말처럼 모든 아이는 가능성을 지니고 태어난다. 즉, 비범한 아이, 평범한 아이란 애초부터 구분이 따로 없다.

불과 얼마 전까지만 해도 사람들은 태어날 때부터 두뇌의 우열이 정해진다고 믿었다. 부모의 유전인자에 따라 지능지수가 결정되므로 출생 후의 환경이나 경험은 두뇌 발달에 그다지 영향을 주지 못한다는 생각이었다. 그러나 현대과학 특히 뇌과학이 발달하면서 두뇌발달에 대한 인식은 바뀌고 있다.

뇌과학자들에 따르면 유아의 두뇌는 태어날 때 미완성 상태라고 한다. 무게가 성인 뇌의 25%인 350그램에 불과할 뿐 아니라 기능도 매우 미미하다. 뇌는 2000억 개의 뉴런이라고 불리는 뇌 세포를 통해 인간생활에 필요한 모든 정보를 저장하고 전달함으로써 우리의 생각과 행동 및 모든 생리기제를 통제하는 역할을 한다. 뇌를 구성하고 있는 세포인 뉴런은 세포체와 다른 뉴런으로 정보를 전달하고 받는 축색과 수상돌기로 이루어져 있는데 정상적인 신생아는 뉴런의 기본구조만 가진 상태로 태어난다.

그런데 이처럼 작고 미성숙한 뇌는 생후 1년 동안 매우 급격히 발달한다. 출생 시 갖고 태어난 뉴런들이 서로 정보를 주고받으면서 수상돌기와 축색돌기를 연결하는 시냅스의 수가 늘어난다. 이런 과정을 거쳐 유아의 두뇌는 수조개의 시냅스를 형성하고, 아주 복잡한 '신경통로 조직망'을 이루면서 발달하는 것이다.

따라서 정상적인 뇌를 갖고 태어난 아이라면 누구나 천재가 될 가능성을 갖는다. 부모의 유전자에 상관없이 출생 후에 어떤 환경에 노출되어 어떤 자극을 받느냐에 따라 천재가 될 수도, 평범해질 수도 있는 것이다.

천재가 되는 길은 한 가지가 아니다

모든 아이는 미완성의 뇌를 갖고 태어나므로 노력 여하에 따라 누구나 천재가 될 수 있다.

민사고 이돈희 교장은 "지구상의 인구수만큼 수많은 천재성이 있을 정도로 모든 사람은 자신만의 독특한 잠재적 천재성을 지니고 있다."며 "다양한 경험을 통해 자신의 천재성이 무엇인지 찾고 그것을 끄집어낼 수 있어야 한다."고 말했다.

그런데 모든 아이가 가능성을 지니고 태어났다는 말이 곧 뭘 시켜도 다 잘한다는 것은 아니다. 과연 어떤 아이를 천재라 말할 수 있을까. 사람들은 보통 IQ가 높으면 똑똑하고 천재에 가깝다고 생각한다. 그러나 여러 학자의 연구 결과에 따르면 IQ만이 지능이 아니라고 한다. 천재성이란 아이가 지니고 있는 여러 지능 중에서 특출한 지능을 일컫는 말이다. 하버드 대학의 하워드 가드너(Howard Gardner) 교수는, 지능이란 "문제를 해결하거나 혹은 한 문화나 여러 문화권에서 가치를 지니는 뭔가를 만들어 낼 수 있는 인간의 능력"이라고 했다. 그리고 이런 능력은 여러 가지의 지능에 의해 각각 그 능력을 발휘한다. 그가 말한 다중지능은 8가지로 나눌 수 있는데 아이들은 이중 하나의 지능 이상에서 천재성을 가지고 있다는 것이다.

어느 한 분야에서 보통 아이들이 할 수 없는 탁월한 기량을 발휘하면 그 아이를 천재라고 한다. 미술이나 음악 분야에 비범한 재주를 보인다면 그 아이는 미술 천재, 또는 음악 천재라고 불린다. 수학이나 과학도 마찬가지이다. 천재의 분야가 세분화되는 만큼 아이가 갖고 있는 재능을 키운다면 그 분야의 천재가 될 수 있다.

그러니 IQ만 가지고 내 아이를 판단하지 말자. "우리 애가 글쎄 IQ가 148이래요. 그럼 멘사에 가입할 수 있겠죠?"라는 옆집 엄마의 호들갑에 괜히 주눅 들 필요가 없다. IQ가 낮은 대신 다른 아이들보다 더 뛰어난 다른 지능을 지니고 있을 수 있다. 아인슈타인도 초등학교 4학년 때의 IQ는 고작 82였다고 하지 않는가. 또 뛰어난 과학자는 지능지수가 월등히 높은 천재라고 대부분 생각하는데 노벨물리학상을 수상한 미국의 리처드 파인만(Richard P. Feynman)은 IQ가 124였다고 한다. 이들을 IQ만으로 판단했다면 과학자의 꿈은커녕 학습지진아나 그저 평범한 아이로 취급받지 않았을까?

빙산의 일각에 불과한 지능지수만으로 아이를 판단하는 실수를 범하지 말자. 밖으로 드러난 것보다 수면 아래에 더 크게 숨어 있는 8가지의 지능 중에서 우리 아이는 무엇이 가장 발달되었는지 찾을 줄 알아야 한다.

8가지 지능은 언어지능, 논리수학지능, 시각공간지능, 개인이해지능, 대인관계지능, 음악지능, 신체운동지능, 자연탐구지능으로 나뉜다.

언어지능

글이나 말을 통해 자신의 느낌이나 생각을 잘 표현하고, 말로 남을 웃기거나 설득하는 데 소질이 있다. 말이나 글로 표현된 내용을 기억하고 이해하는 능력이 뛰어나다. 그래서 별명을 잘 짓거나 사물을 표현하는 단어 구사력이 탁월하다고 볼 수 있다. 기자나 아나운서, 변호사, 작가, 정치인이 될 자질이 많다.

논리수학지능

숫자나 규칙, 명제 등의 상징체계를 잘 익히고 창조하며, 그와 관련된 문제를 손쉽게 해결해내는 능력을 말한다. 이 지능이 뛰어난 아이들은 숫자나 전화번호를 잘 기억한다. 그리고 뭘 하더라도 "왜?"라는 질문을 많이 하고 가급적이면 인과관계를 이해하려고 한다. 수학자, 통계학자, 과학자, 컴퓨터 전문가, 법률가가 될 가능성이 높다.

시각공간지능

도형, 그림, 지도, 입체설계 등의 공간적 상징체계에 소질과 적성이 있는 사람에게 높이 나타나는 능력이다. 지도를 보고 잘 찾아간다거나 한 번 갔던 장소를 다시 찾아갈 때 기억을 잘하는 아이들이 해당된다. 디자이너나 건축가, 파일럿, 바둑기사, 그래픽 아티스트 같은 사람들이 이런 지능이 뛰어나다.

개인이해지능

자기 자신을 이해하고 자신의 욕망, 두려움, 재능 등을 잘 다루어 효과적인 삶을 살아가게 하는 능력이다. 개인이해지능이 발달된 아이들은 스스로 계획을 세우거나 자신이 무엇을 하고 있는지 잘 안다. 그리고 자신의 상태를 잘 파악하고 표현할 줄 안다. 작가나 종교인, 정신과 의사 등이 이런 지능이 발달되었다.

대인관계지능

다른 사람의 기분이나 동기, 바람을 잘 이해하고 그에 적절하게 반응할 수 있는 능력이다. 대인관계지능이 뛰어난 아이들은 낯을 잘 가리지 않고 엄마의 기분도 잘 맞춰주고 친구들을 쉽게 사귄다. 선생님이나 정치인, 심리상담사, 영업사원, 방송인 등이 될 가능성이 높다.

음악지능

가락, 리듬, 소리 등의 음악적 상징체계에 민감하고, 그러한 상징들을 창조할 수 있는 능력을 말한다. 노래를 부르거나 악기를 다루거나 새로운 곡을 창작하거나 감상하는 데 필요한 능력이다. 음악지능은 혼자서 흥얼거리며 소리에 관심이 많은 아이들에게서 발견된다. 당연히 음악과 관련된 직업을 가진 사람들이 이런 지능이 발달되었다.

신체운동지능

춤, 운동, 연기 등 특정한 몸의 움직임을 쉽게 익히고 창조하는 능력이다. 신체운동지능이 발달된 아이들은 몸짓으로 흉내를 잘 내고, 운동이나 연기를 잘 따라 한다. 무용가, 배우, 기술자, 운동선수, 조각가, 외과의사 등이 여기에 해당한다.

자연탐구지능

식물이나 동물 또는 자신이 살고 있는 환경에 관심을 가지고, 그 인식과 분류에 탁월한 전문지식과 기술을 발휘하는 능력이다. 자연탐구지능은 사물을 관찰하고 분석하려는 능력이 발달되었다.

따라서 동식물학자, 환경운동가, 과학자 등이 될 가능성이 높다.

　　이 8가지 지능은 유전인자나 경험의 영향으로 조금씩 더 발달하기도 하고 또 덜 발달하기도 한다. 내 아이에게는 어떤 지능이 많이 발달했는지 먼저 파악하고 그것을 살릴 수만 있다면 누구나 그 분야에서 천재가 될 수 있다. 12세에 양식과 일식 조리사 자격증을 딴 데 이어 한식과 중식 조리사 자격시험에 합격함으로써 국내 최연소 요리사로 이름을 떨치고 있는 노유정 양을 보자. 유정이는 어려서부터 손재주가 좋고 미술에도 재능을 보였다. 어릴 때부터 부모님이 운영하시는 식당에서 파를 다듬거나 채소를 갖고 놀다가 초등학교 입학 후에는 직접 요리를 만들기 시작했다.

　　유정이의 경우 각 재료의 특징을 알고 맛을 그려내는 능력, 즉 자연탐구지능이 뛰어났다. 이와 함께 손 근육을 섬세하게 움직일 수 있는 신체운동지능을 갖추었는데, 이 두 지능을 살려 요리에 몰두한 결과 '요리 천재'로 두각을 나타내게 된 것이다. 유정이의 경우를 보더라도 "천재란 IQ 얼마 이상, 또래에서 상위 몇 퍼센트 이상이어야 한다."는 기준에 더 이상 집착할 필요가 없다. 그보다 "어느 분야에서, 얼마나 창의적인가?"로 숨겨진 내 아이의 천재성을 먼저 찾아 꽃을 활짝 피우듯 키워주는 게 더 중요하다.

천재로 키우는 교육, 둔재로 키우는 교육

안타깝게도 한국 교육은 이른바 '풀빵' 교육이라 부를 정도로 어딜 가도 똑같다. 오죽하면 세계적인 미래학자 앨빈 토플러(Alvin Toffler) 박사가 "한국이 세계를 이끌고자 한다면 풀빵 찍듯 하는 현재의 교육 시스템을 바꿔야 한다."고 충고했을까. 아직도 달달 외워야만 각종 평가를 통과할 수 있는 정답 위주의 교육이 이 노학자의 눈에는 풀빵 찍는 기계처럼 보였던 것이다.

틀에 박힌 '풀빵식 교육'은 자유로운 생각과 창의력은 인정하지 않는다. 오로지 정답만을 강요하기에 상상력이 끼어들 틈이 없다.

"한국의 아이들은 뛰어난 잠재력을 지니고도 오답이 두려워 백지를 택했다. 정답을 요구하는 사회 앞에서 성장이 멈춰 버렸다."

이 말은 창의력 테스트에서 한국 학생들의 결과를 보고 나온 결론이다. 상상력과 창의력을 발휘하기도 전에 "정답이 뭐지? 혹시 내가 생각한 게 틀린 것은 아닐까?"라고 고민하고 주저하다 아예 답을 적지도 못한 아이들의 심정은 오죽했을까.

이처럼 한국 공교육의 현실은 상상력과 창의력을 키워주고 천재성을 발휘할 수 있도록 기회를 주는 것과 거리가 멀다. 하지만 이런 교육현실만을 탓할 수는 없다. 하루가 다르게 쑥쑥 자라는 아이는 제때 창의두뇌를 발달시켜 줘야 한다. 원래 창의성 교육이란 부모의 관심어린 양육에서부터 출발한다. 모두가 다 '잠재적인 천재'인 우리 아이들의 미래는 부모에게 달려 있다는 것이다.

1988년에 '천재교육법'을 만든 미국은 이미 1932년부터 천재교육을 시작했다. 오래된 창의성 교육만큼 성과 또한 보여주고 있는데, 한 영재학교에서 교육을 받았던 학생들 중에서 90퍼센트는 자신의 관심분야에서 전문가로 활동하고 있다고 한다. 30개가 넘는 주에서 천재교육을 의무화한 교육체계가 바로 미국의 힘이라고 할 수 있을 것이다. 상위 3퍼센트의 학생들을 초등학교 때부터 천재교육을 하는 이스라엘, 성취도에 따라 월반을 장려하고 능력별 반편성과 학습촉진 등을 일반 학술뿐만 아니라 예술 분야까지 확대하여 공교육을 실시하는 대만, 초등 3학년 중에서 1퍼센트, 즉 500명 정도를 선발하여 천재교육을 하는 싱가포르 등도 북유럽의 천재, 창의력 교육 못지않게 창의두뇌를 양성하기 위하여 국가 차원에서 많은 노력을 기울이고 있다.

한국 역시 시도교육청 차원에서 영재를 선별하고 별도의 교육 프로그램을 만들어 시행하고 있다. 하지만 영유아기를 대상으로 한 창의두뇌 발달 프로그램이나 학부모들이 참고로 할 만한 교육정보 등은 매우 부족한 편이다. 그러다보니 학부모는 과도한 비용을 들여가며 아이를 사교육 기관에 맡기거나 아이의 '잠재된 천재성'을 발견하지 못하고 방관 아닌 방관을 해야 하는 실정이다.

"교과서 위주로 공부를 했는데 이런 수석의 영광을……." 수능에서 수석한 학생의 이러한 단조로운 인터뷰보다 "어릴 때부터 이것저것 관심 가는 분야에 열심히 집중했더니 어느덧 사회에 필요한 사람이 되었던데요."라는 멋진 인터뷰가 나올 수 있어야 하지 않을까?

창의적인 사고의 특성!

창의적인 사고 성향은 대개 다음과 같은 항목으로 파악할 수 있다.

▶ **자발성** : 문제에 대해서 스스로 해결하고 낙관적인 태도를 가진다.

▶ **집착성** : 문제를 해결하기 위해서 관련 정보를 수집하고 이를 모아서 끈기 있게 문제를 해결하는 자세를 보인다.

▶ **독자성** : 다른 사람들의 평가에 연연하지 않고 자신의 생각에 대한 가치를 인정한다.

▶ **개방성** : 사물을 다양하게 보고 다른 사람의 의견을 존중해 준다.

▶ **정직성** : 자신이 생각한 것이나 관찰한 결과를 있는 그대로 받아들이면서 가감 없이 표현한다.

▶ **민감성** : 항상 주변에 대해 끊임없는 질문과 호기심을 가진다.

제2장

세계를 움직이는 리더는 창의 두뇌로 승부한다

모든 아이는 천재성을 지니고 태어난다.
그러나 제대로 된 교육을 받지 못한다면 천재성은 잠재된 가능성에 지나지 않는다.
숨은 1퍼센트의 천재성을 찾아내야만
나머지 99퍼센트의 노력으로 천재를 만들 수 있다.

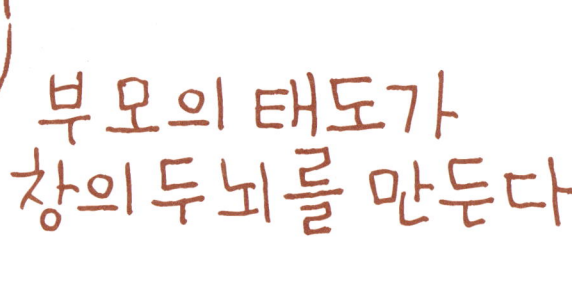
부모의 태도가 창의두뇌를 만든다

　미술교사였던 아버지의 재능을 물려받은 아이는 걸음마나 말을 배우기도 전에 이미 사물의 모양에 반해서 그것을 그림으로 표현했다. 아이가 처음 배운 말은 엄마나 아빠가 아닌, '색연필'이었다. 아이가 돌돌 구부러진 그림을 그려 부모에게 보여주면 부모는 아이가 좋아하는 과자를 달라는 말임을 금세 알아차리고 과자를 주었다. 부모는 아이의 그림을 언어로 이해한 것이다.

　아버지는 일찍부터 아이의 재능을 발견하고 그림을 가르쳤다. 아이는 아버지가 즐겨 그리는 비둘기를 관찰해 그림으로 표현했고, 아버지와 함께 관람한 투우 경기를 그림으로 옮겼다. 열 살이 되자 아이는 아버지의 그림실력을 능가하게 되고, 아버지는 아이를 위해 최고의 교육을 받을 수 있도록 큰 도시로 이사를 간다. 열여섯 살이 되자 아이는 그 나라의 미술학교에서 주최하는 모든 대회를 휩쓸어

버려 더 이상 치러야 할 시험이 없었다.

　스페인이 낳은 세계적인 천재 화가 피카소의 어린 시절 이야기이다. 피카소가 세계적 거장이 될 수 있었던 것은 그의 타고난 천재적 재능 외에도 그것을 조기에 발굴하고 키워준 아버지의 공이 크다. 어린 시절 피카소는 비둘기와 투우 장면을 그리기를 좋아했다. 아버지가 그린 비둘기를 보며 그 모양과 느낌을 살려 자신의 그림으로 표현했으며, 아버지와 함께 투우를 보고 오는 날이면 그것을 늘 그림으로 옮겼다. 이런 아들을 위해 아버지는 매주 아들을 데리고 투우 경기장을 찾았다고 한다.

　아무리 재능이 뛰어난 아이라 할지라도 어린 시절 부모의 도움 없이 그 재능을 펼치기는 힘들다. 만약 어린 피카소가 그림에 흥미를 느껴 대부분의 언어를 그림으로 표현하여 부모에게 보여주었을 때, 부모가 염려스러운 마음에 "말로 해!"라고 강요하며 스케치북을 빼앗아 버렸다면 어땠을까. 낙제에 가까운 점수를 받아오며 오직 그림에만 매달리는 아들을 한심스러워하며 "그림만 그리지 말고 수학 공부와 과학 공부를 해!"라고 강요했더라면 어땠을까. 아마 피카소는 그저 그런 평범한 인물이 되었거나, 화가가 되었다고 하더라도 우리가 기억하는 '피카소'까지는 안 되었을 것이다.

부모의 사랑이 아이의 천재성을 꽃피운다

21세기의 천재는 곧 영재를 뜻한다. 왜냐하면 천재의 개념이 '타고난 아이'에서 최근에는 '가능성 있는 아이'로 바뀌어가고 있기 때문에 어느 분야든 간에 보통 아이들 이상의 탁월한 기량을 발휘하면 그 아이를 바로 천재라 한다. 따라서 아이들은 저마다 다른 지능이 발달되었고, 또 저마다 재능을 발달시키는 방법도 다르다.

앞에서도 강조했지만 아이가 어떤 천재성을 지니고 있는지 파악하는 것이 가장 중요하다. 그렇지 않고서 소위 말하는 '엘리트 코스'라 하여 영어교육이나 각종 영재교육을 조기에 무분별하게 시킨다면 오히려 아이의 잠재된 천재성을 해칠 수도 있다. 더욱이 과도한 사교육 비용을 일반 가정에서 어떻게 감당하겠는가.

지금 교육은 이른바 '부익부 빈익빈' 현상이 심하다. 일반 가정에서는 가계가 힘들다보니 아이들의 교육비용을 줄이는 집안이 늘고 있다. 반면, 경제적인 여유가 있는 집에서는 아이를 조기유학 보내든지 비싼 사교육 기관으로 보내는 등 비용을 더 많이 지출하고 있다.

부모라면 누구나 자신의 아이에게 모든 정성을 아낌없이 기울이고 싶어 한다. 허리띠 졸라매며 아이의 교육에 쏟아 붓는 정성은 말 그대로 하해(河海)와 같은 대가 없는 사랑이다. 하지만 그 사랑의 크기를 결코 돈으로 대체할 수는 없다. 천재교육의 첫출발은 "우리 아이를 어디에 보낼까? 돈은 얼마나 들까?"를 고민하는 것이 아니라 우리 아이가 어떤 재능을 지니고 있는지 먼저 살펴보는 것이다. 그리고 이 역할은 바로 아이와 가장 가까이에 있는 부모가 해야 한다. 아이를 하루 종일 지켜보고 사소한 행동 하나하나에도 주의를 기울여 줄 수 있는 사람은 그 누구도 아닌 부모이다. 맞벌이를 하는 까닭에 아이와 함께 지내는 시간이 많지 않더라도 아이의 재능을 찾는 정성은 다르지 않아야 한다. 아이와 살을 맞대고 교감을 나눌 수 있는 부모야말로 아이의 재능을 제대로 발굴할 수 있다. 물론 내 아이가 하는 모든 행동이 예뻐 보이고 뭐든지 잘할 것이란 막연한 믿음이나, '혹시라도 내 아이가 다른 아이들보다 뒤떨어지는 것은 아닐까?' 하는 불안감에 시달리지 않고 객관적으로 바라볼 수 있어야 한다.

미국 시카고 대학의 블룸(Bloom) 교수는 과학, 예술, 언어 등 각 분야에서 천재라 일컫는 50명을 연구하였다. 연구 결과, 이들은 대부분 어렸을 때 부모가 아이의 재능에 계속 관심을 보이며 이를 계발시켜 주기 위해 많은 노력을 기울였음을 알 수 있었다. 그렇다고 부모가 일일이 간섭하고 개입한 것은 아니었다. 블룸 교수는 세계적인 인물들의 경우 아이의 재능을 살려주기 위해 부모들이 한 일은 아이에게 맞는 교육 프로그램이나 선생님을 찾아준 것이라 했다.

이처럼 엄마 아빠가 아이의 재능을 찾아주고 이를 계발할 수 있는 환경을 만들어 주며 적절한 '배려'를 한다면 아이의 천재성은 제대로 커 나갈 수 있을 것이다. 이렇게 자란 아이들은 사회적으로도 분명 유용한 존재가 된다. '개인의 성공'만을 위해 어릴 때부터 고 시공부 하듯 혼자서 고립되어 공부하는 것이 아니라, 유럽의 교육처럼 서로 함께하며 창의성을 키운 아이들이라면 공동체를 위한 업적을 남길 가능성이 그만큼 크다고 할 수 있다.

부모가 아이에게 제대로 관심을 기울이지 못하는 바람에 사회적으로 유용하고 큰 인물이 되기는커녕 아이의 훌륭한 재능과 창의성이 그대로 파묻혀 평범한 사람으로 자란다고 생각하면 아찔할 따름이다. 내 아이를 제대로 키워 천재로 만든다는 것은 나아가 사회와 인류를 위해 귀한 인재를 만든다는 의미이기도 하다. 그래서 더욱 부모의 사명감이 큰 것이다.

상상할 수 있는 환경을 만들어라

상상력이나 창의력은 어떤 공식을 외워서 발달하는 것이 아니다. 아이의 재능을 살리기 위해서 필요한 창의력은 지능지수가 높다고 저절로 생기는 것도 아니다. 무엇보다 자유롭게 생각하고 아이디어를 창출해낼 수 있는 환경을 만들어주어야 한다.

상상력을 풍부하게 발휘할 수 있으면 창의력은 커지는 법이다. 이 책을 읽는 부모들은 어릴 적에 동화책을 다 읽고 난 뒤에도 다락방 같은 혼자만의 공간에서 그 뒷이야기를 상상해서 지어낸 적이 있을 것이다. 또 각종 사물을 장난감 대용으로 가지고 놀았던 경험도 한 번쯤은 있을 것이다. 이런 경험이 바탕이 되어 훌륭한 디자이

너나 작가가 되는 경우가 많다. 그런데 그때 어른들이 학교 공부는 하지 않고 엉뚱한 짓이나 한다며 혼만 냈더라면 어떻게 됐을까?

한 TV 프로그램에서 스웨덴, 한국, 영국, 이탈리아의 15세 청소년들을 대상으로 창의력 테스트를 했다. 미완성된 도형 10개를 10분 안에 완성하고 제목을 붙이게 한 이 테스트는 발상의 다양함을 평가하는 실험이었다. 실험이 끝나고 가장 높은 평가를 받은 나라는 스웨덴이었다.

아이들 스스로 행동의 자율성을 갖게 하고, 상상력과 창의력을 꿈꿀 수 있는 학습공간을 만들어주는 스웨덴의 환경을 보면 당연한 결과이기도 하다. 아이들은 매일 아침 자신이 직접 수업일정을 짜서 듣고 싶은 강의를 선택할 수 있다. 수업시간에 선생님은 단지 조언자에 지나지 않을 뿐, 아이들끼리 서로 도우며 공부를 한다. 학습의 진도나 성취는 철저히 개인의 몫인 셈이다. 이처럼 스웨덴의 교육은 바로 아이들이 마음껏 상상하고 꿈꾸는 과정이라 할 수 있다. 한국은 대학생에게도 아직까지 이렇게 완전한 자율성을 보장해 주지 않는다는 것을 생각한다면 마냥 부러울 뿐이다.

창의력을 키울 수 있는 환경의 중요성은 비단 학교 교육뿐만 아니다. 요즘엔 회사에서도 직원들의 창의력을 키우기 위해서 많은 노력을 기울이고 있다. 앞에서 말한 포스트잇을 만든 3M도 마찬가지이다. 3M은 직원들의 창의력을 키워주기 위해 독특한 근무원칙을 세웠다. 근무시간의 85퍼센트를 활용해서 자신이 맡은 일을 완수하고, 나머지 15퍼센트의 시간에는 자신이 정말 하고 싶은 일을 하는 것이다. 그 결과 3M의 구성원들은 빡빡하게 꽉 짜인 틀이 아닌, 조금은 여유를 둔 일정 속에서 몸과 마음을 재충전하고, 상상력을 펼쳐 새로운 제품을 개발하는 데 기여하고 있다. 이것만 보더라도 3M의 포스트잇 탄생은 이미 예고된 것이라 볼 수 있다. 그리고 이러한 성과는 한두 사람의 천재가 이룬 것도 아니다. 모든 사원이 창의력을 계발할 수 있는 시간과 공간을 제공받았기 때문에 언제, 어디서든 포스트잇 같은 기발한 창의력의 산물이 나올 수 있었던 것이다.

한편 요즘은 많은 기업이 아예 신입사원을 채용할 때부터 창의력에 큰 비중을 두기도 한다. 21세기는 창의적인 아이디어가 경쟁력의 원천이라고 인식하는 경영자들이 인재관을 바꾸고 있기 때문이다. 예를 들면 입사면접에서 틀에 박힌 답보다는 기발한, 혹은 엉뚱한 답을 하는 사람을 의도적으로 뽑기도 한다. "시각장애인에게 노란색을 설명해보라."는 면접관의 엉뚱한 질문에 뭐라고 답할 수 있을까? 질문 자체가 엉뚱하기 때문에 정해진 '정답'은 없다. 그러나 대답은 해야 한다. 사실 이런 엉뚱한 질문의 의도가 바로 창의력을 판단하기 위한 것이다. 기발한 대답을 할 수 있는 사람이라면 조직의 타성을 깨고 창의적인 분위기를 만들 수 있기 때문이다.

사회의 흐름이 이처럼 변하고 있는데, 내 아이가 무작정 교과서의 내용과 공식만을 잘 외워 100점을 받아온다 한들 그것이 아이를 제대로 키우는 것이라고 장담할 수 있을까? 아이가 성장한 후 진정 사회에서 요구하는 것은 100점짜리 시험지가 아닌 창의적인 아이디어인데도 말이다.

아이를 훌륭한 인재로 키우고 성공하는 삶을 살게 하고 싶다면 상상력과 창의력을 키울 수 있는 분위기와 환경을 어릴 때부터 만들어주어야 한다. 창의력 스쿨이니, 영재학원이니 하는 비싼 사교육 기관에 아이를 맡기기에 앞서 정답보다는 아이 자신의 생각을 하도록, 규칙에 얽매이기보다는 융통성을 갖도록, 실수를 탓하기보다는 도전의식을 갖도록, 시키는 대로 하기보다는 창의적인 생각을 하게끔 분위기를 만들어줘야 한다.

아이의 천재성을 키우는 부모의 지침

백 명의 아이에겐 백 가지 가능성이 있다는 말이 있다. 그만큼 영유아기의 아이에게 부모는 모든 가능성을 열어두어야 한다는 뜻이다. 비록 "나중에 알고 보니 천재는 아니더라."는 판단이 설지라도 우선은 "천재일지 모른다."는 가능성을 열어두고 아이를 바라보아야 한다. 괜한 기대로 아이에 대한 환상을 가지라는 의미가 아니다. 말 그대로 누가 숨겨진 천재인지 아무도 모르는 일이기 때문에 섣불리 "아니다!"라는 단정을 짓지 말라는 것이다.

보고 또 보라

내 아이의 천재성을 찾으려면 우선 아이의 작은 행동 하나하나를 눈여겨보는 것이 무엇보다도 중요하다. 물론 아이를 방치한 상태에서 무작정 관찰만 한다고 해서 아이의 천재성을 쉽게 찾을 수 있는 것은 아니다. 과거와 달리 다양한 분야에서 천재성을 발견할 수 있기 때문에 여러 가지 활동이나 놀이를 하면서 아이가 어떤 것에 관심을 가지는지 잘 살펴봐야 한다. 자극에 많이 노출되면 될수록 아이의 숨겨진 천재성을 찾아낼 가능성은 더 높아진다.

만약 아이가 유달리 말을 빨리 배우고 표현력이 남다르다면 언어지능이 발달한 천재일 가능성이 높다. 또는 숫자놀이나 지도 보기 등을 유별나게 좋아한다면 과학 천재일 가능성이 높다. 이처럼 천재의 범주는 단지 지능지수가 높은 것으로 판단할 수 없을 정도로 넓고 세분화되어 있다. 사실 아직 글과 말을 제대로 할 줄 모르는 어린아이의 지능지수를 잰다는 것도 어렵다.

천재성을 너무 어렵게 생각하지 말자. 처음부터 전문가의 식견으로 아이를 판단해야 한다는 강박관념을 가질 필요는 없다. 엄마 눈에 내 아이가 특정 분야에 남다른 관심이 있다면 그 분야에 천재성이 있다고 판단해도 된다. 또 누누이 말하지만 아이의 천재성을 '보고 또 보면서' 찾아낼 수 있는 사람도 부모이다. 천재성은 눈에 확 띄게 드러나 보일 수도 있겠지만 아주 미세한 차이로 나타날 수도 있다. 사소한 행동 하나하나를 보고 아이의 숨겨진 재능을 찾아낼 수 있는 사람은 아이와 가장 가까운 거리에 있는 부모이다. 그러니 '보고 또 보라'는 것이다.

창의력을 키워줘라

　창의성은 하늘에서 천재에게만 내려주는 천상의 선물이 아니다. 물론 개중에는 부모가 딱히 어떻게 해주지 않아도 창의성이 남다른 아이도 있다. 이는 태어날 때부터 창의성이 높은 아이다. 하지만 분명한 건, 호기심과 열정을 갖고 지속적으로 훈련한다면 창의성은 후천적으로도 충분히 기를 수 있는 능력이라는 것이다. 하워드 가드너 교수는 "창의성은 지능 같은 뇌의 활동보다는 개인의 인지 과정, 성장 환경, 개인적인 태도로 결정된다."고 말했다.

　부모는 아이가 관심을 보이는 분야를 찾아, 게임이나 놀이, 견학 등의 활동을 하면서 아이가 그 분야에 지속적으로 관심을 가질 수 있도록 학습을 시켜야 한다. 어렸을 때부터 주입식 교육을 해서는 안 된다. 엄마의 욕심으로 유치원에도 들어가지 않은 아이에게 "오늘 공부는 10장!"이라며 '숙제'를 강요하는 경우를 간혹 볼 수 있다. 어렸을 때부터 공부하는 습관을 들이겠다는 의도이다. 하지만 엄마의 의도대로 아이는 공부하는 습관을 가지기보다 공부에 질릴 수 있음을 알아야 한다. 아이 스스로 하는 것보다 강제로 하는 공부가 재미있을 리 없다. 이와 반대로 "공부는 학교에 들어가면 실컷 할 테니 그전에는 무조건 놀아!"라며 아이를 방치하는 경우가 있다. 물론 놀이를 하면서 세상을 알고 다양한 분야에 흥미를 가지게 해야겠지만 아무런 관찰이나 배려도 하지 않고, 창의두뇌를 발달시키기 위한 계획도 없이 아이를 무작정 놀게만 한다면 아이의 창의력을 키워주지 못한다. 아이의 창의성을 키워주되, 부모는 조언자와 멘토의 역할을 해야 한다.

집중력을 방해하지 마라

천재의 특징 중 하나가 '과제 집착력'이다. 말 그대로 한 문제에 꽂히는 것이다. 아이들의 행동을 관찰해보면 유달리 집중을 하는 놀이나 분야가 있다. 일시적인 관심을 보이는 것이 아니라 꾸준히 집중을 하며 관심을 보이는 것이 있다면 그 대상에 집중할 수 있게끔 분위기를 만들어줘야 한다. 예컨대 노래를 부르거나 듣기를 무척 좋아하는 아이는 음악에 재능이 있다고 볼 수 있다. 그렇다면 아이가 조용히 음악을 감상하거나 연주할 수 있게 해주어야 하는데, 엄마가 "이번 드라마는 꼭 챙겨 봐야지!" 하면서 TV 볼륨을 키우거나 아빠가 컴퓨터 게임을 한다고 소음을 내서 아이의 집중을 방해해서는 안 된다.

그리고 아이가 질문을 한다는 의미는 그 분야에 관심이 많다는 방증이다. 그런데 부모가 건성으로 답해 준다거나 오히려 너무 직설적으로 정답을 말해 줘선 안 된다. 그 또한 아이의 집중력을 방해하는 것과 다를 바 없다. 엄마가 건성으로 대답하면 아이는 계속 집중력을 가지고 흥미를 느낄 수 없다. 부모의 심드렁한 반응을 보면서 아이의 관심도 시들해진다.

아이의 집중력을 키워주기 위해서는 질문에 대한 답을 찾는 과정을 만들어 나가는 것이 좋다. 별자리에 대해 묻는다면 별자리와 관련된 책을 읽어주거나 아이 스스로 읽게끔 유도한다. 또 주말을 이용해 천체박물관을 견학하는 것도 별자리에 대한 아이의 집중력을 더 높일 수 있다. 이런 과정에서 아이는 집중력뿐만 아니라 스스로 생각하는 습관을 기르게 되고, 자연스럽게 책과 친해지는 효과도 얻게 된다.

사고력을 확장시켜라

부모가 찾아낸 아이의 천재성은 말 그대로 '가능성'에 지나지 않는다고 볼 수 있다. 그 가능성을 키우려면 집중력뿐만 아니라 사고력도 넓혀줘야 한다. 그래서 부모와 아이의 '대화'가 중요하다. 아이들은 대부분 서너 살이 되어 말문이 트이면 귀찮을 정도로 질문을 많이 한다. 수시로 부모나 주위 사람들에게 "이건 뭐야?"라고 질문을 하고, 그 질문에 답을 해주면 다시 "왜?"라는 질문을 던지며 말꼬리를 잡고 계속 묻는다. 그런데 아이들은 한 번 설명한다고 다 알아듣는 것이 아니다. 대답을 해줬지만 거듭 "왜?"라고 묻는 아이에게 지쳐 대충 대답을 한다거나 귀찮다는 표정을 짓지 말자. "내 아이는 왜 말귀를 못 알아듣지?"라고 고개를 갸우뚱거린다면, 그것은 아이에게 문제가 있는 게 아니라 부모가 무지한 것이다.

아이들의 "왜?"는 바로 호기심과 생각의 폭을 넓혀가는 하나의 도구라고 생각해야 한다. 꼬리에 꼬리를 무는 질문과 답변으로 아이는 미지의 세계를 하나씩 알아간다. 이 과정 자체가 사고력의 확장이다. 어렸을 때 '스무고개' 놀이를 해봤을 것이다. 하나의 답을 구하기 위해 스무 가지의 단계를 거치는 질문을 하는 동안 수많은 상상과 생각을 하게 된다. 지금 내 앞에 있는 아이가 "왜?"라는 질문을 하는 것도 마찬가지이다. 상상력과 창의력이 끊임없이 다양한 가지로 뻗어가는 중이다. 그러니 아이가 "왜?"라고 묻기 시작하면 "이제 귀찮아지겠구나."라고 생각할 게 아니라 단 10분이라도 '스무고개' 놀이를 하면서 아이의 사고력을 확장시켜 주자. 비싼 돈을 들여가며 아이를 무작정 학원에만 맡길 것이 아니라 부모의 시간을 투자하는 것이 훨씬 현명한 방법이다.

천재성 교육 ABC

아이의 천재성을 키우려면 가장 먼저 아이가 어떤 재능을 가지고 있는지 관찰하는 것부터 시작한다. 이 과정에서 아이가 특정영역에 재능을 보인다면 교육단계로 넘어가야 된다. 그러려면 부모가 발견한 아이의 재능이 정말 천재성인지를 확인하기 위하여 전문가, 혹은 관련 기관을 찾아서 객관적인 검증을 받는 것이 좋다. 부모가 가장 가까운 거리에서 아이를 관찰하며 세밀한 것까지 파악했다고 하지만 전문적인 판별 지식을 갖춘 것은 아니다.

마지막으로 부모는 전문적인 평가를 받은 후에도 지속적으로 아이를 관찰해야 한다. 아이는 키가 쑥쑥 자라는 만큼 천재성에도 변화를 보인다. 그 변화를 잘 관찰하고 나중에 아이가 교육받을 기관이나 선생님을 잘 선택하고 긴밀하게 협의할 수 있어야 한다. 천재라 불리는 아이들이 나이는 어리지만 대학에 들어가는 이유는 '똑똑한 머리'를 자랑하기 위해서가 아니다. 아이의 천재성을 가장 올바르게 키워주고 적절한 교육환경을 제공할 수 있는 곳을 찾은 결과인 셈이다.

아이의 롤모델이 되어라

부모가 하루 종일 아이와 함께 있으면서 주의 깊게 살펴봐도 아이에게 딱히 어떤 재능이 있는지, 무엇에 관심을 가지는지를 잘 모를 때가 있다. 그렇다고 "우리 아이는 특별한 재능이 없는 평범한 아이인가?" 하면서 속으로 낙담을 할 필요는 없다. 평범한 아이는 없다. 모두가 특별한 존재이고, 또 소중한 아이들이다. 아이의 행동을 관찰하는 것만으로 천재성을 파악할 수 없다면 다양한 분야를 접하게 하면서 관심을 갖도록 해준다. 그렇게 관심을 끌면서 반응을 살피는 것이다. 음악이든 미술이든, 아니면 과학놀이가 되었든 간에 부모가 함께하면서 진지한 모습을 보여줘야 한다.

부모는 아이에게 거울과도 같다는 말이 있다. 아이는 부모의 행동을 보면서 하나하나 흉내 내며 배운다. 그래서 아이의 멘토는 바로 부모인 것이다. 결국 내 아이의 재능을 찾고 창의성을 키우려면 부모의 행동이 먼저 바뀌어야 하고, 공부를 해야 하며, 화목한 가정 분위기를 만들어서 아이 스스로 배우게 해야 한다. 늘 강조하지만 비싼 돈 들여서 몇 백만 원이나 되는 교재를 사서 읽히는 것이 교육은 아니다. 그보다 부모의 일상적인 행동 하나하나가 바로 생생한 교재요, 롤모델임을 명심하고 일상에서 교육을 실천해야 한다.

 ## 천재성을 발휘하기 위한 세 가지 조건

미하이 칙센트미하이 시카고 대학 교수와 하워드 가드너 하버드 대학 교수의 'IDF 모델'에 따르면 모든 사람이 자신의 잠재능력을 발휘하려면 세 가지 조건이 있어야 한다고 했다.

1 | 개인적 소질(Individuality)이 뛰어나야 한다. 모든 아이가 지니고 있는 천재성은 똑같은 것이 아니라 아이의 개성만큼이나 다양하다. 즉 어떤 분야에 특정 재능이 있는지를 잘 파악하여 키워줘야 한다.

2 | 재능이 도드라지게 나타날 수 있는 영역(Domain)을 찾아야 한다. 재능을 적극적으로 살릴 수 있도록 맞춤교육과 꾸준한 계발기간이 필요하다. 아인슈타인이 수학 성적 하나로 대학에 들어간 때는 16세였고, 상대성 이론을 발표한 때는 27세 때였다. 재능을 펼치는 데 걸리는 시간은 그만큼 길고 노력 또한 상당해야 한다.

3 | 재능을 펼칠 수 있는 마당(Field)이 필요하다. 혼자서는 자신의 재능이 어느 정도인지 가늠하기가 힘들다. 김연아 선수가 일본의 아사다 마오와 라이벌 관계를 형성하면서 자극을 받고, 또 자신의 재능을 발휘할 수 있었던 것처럼 재능을 펼칠 수 있는 장이 마련되어야 한다.

- 동아일보, 〈신천재론〉 시리즈, 2007년

창의 두뇌, 7세 이전에 만들어라

"햇빛은 눈으로 보는 걸까, 입으로 보는 걸까?"

파브르는 혼잣말을 마치고 눈을 떴다 감았다를 반복했다. 그러자 햇빛이 나타났다 사라졌다를 반복했다.

"아하! 햇빛은 눈으로 보는 거구나!"

어린 시절을 시골 할아버지 집에서 보낸 파브르는 주위의 모든 것들이 놀잇감이었다. 하늘을 올려다보며 햇빛을 관찰하고, 들판에 곱게 핀 꽃을 살피며 향기를 맡았다. 하루가 멀다 하고 뒷산에 올라 온갖 동물이나 곤충들을 관찰했으며 밤이 되면 밤하늘에 밝게 빛나는 별을 바라보며 상상의 날개를 펼쳤다.

어린 파브르에게 자연을 관찰하는 것은 최고로 즐거운 놀이였다. 하지만 그것은 단순한 놀이로 끝나지 않았다. 초등학교에 들어가서도 글을 읽지 못하자 그의 아버지는 곤충에 관한 책을 사주었다. 파브르는 어린 시절 할아버지 집 뒷동산에서 관찰했던 곤충들을 떠올리며 책 속의 글자들을 한 글자 한 글자 익혀갔다.

놀이, 특히 자연을 활용한 놀이는 아이에게 풍부한 감수성과 상상력, 창의력을 키워주기에 더없이 좋다. 책을 통해 곤충을 보는 것은 단순한 시각적 자극에 불과하다. 하지만 자연으로 나가 직접 손으로 만지며 소리를 듣고 냄새를 맡는 것은 아이의 오감을 골고루 자극하기에 충분하다. 어린 시절, 오감을 자극하는 놀이는 우뇌를 발달시켜 창의력을 키우는 데 큰 역할을 한다. 자연을 벗 삼아 놀았던 어린 시절의 경험은 파브르에게 30년에 걸쳐 10권의 《곤충기》를 집필하게 해주었으며, 세계적으로 유명한 곤충학자가 되게 해주었듯이 말이다.

7세 이전, 우뇌 발달에 집중하라

아무리 좋은 싹이라도 계속 보듬어주고 물을 주어야만 좋은 나무로 자라는 법이다. 창의력도 마찬가지이다. 모든 아이가 천재로 태어난다고 하지만 가꾸어주지 않는다면 그저 잠재된 가능성으로만 남을 뿐이다.

"그럼 언제쯤 우리 아이가 천재가 될 수 있을까요?"

이 질문에 대한 답은 "참고 기다리세요."라고 하는 게 맞지 않을까? 천재로 언제 거듭날까를 초조하게 기다리는 것보다 창의력을 키우기 위한 교육부터 늦지 않게 시작하는 것이 좋다. 천재성, 창의력은 어느 순간 갑자기 발휘되는 것이 아니라 체계적인 교육 과정에서 후천적으로 계발되는 것이기 때문이다. 그래서 재능과 마찬가지로 창의력도 되도록 빨리 발견하고 계발해 주어야 제 능력을 발휘할 수 있다.

칼 비테는 "아이는 이상적인 환경에서 100정도의 잠재력을 누구나 지니고 태어난다. 그러나 100의 수준을 타고난 아이도 제멋대로 방치하면 머지않아 20~30까지 수준이 떨어지지만 다시 적절한 교육을 받으면 60~70까지 수준이 높아진다. 하지만 교육 시기가 늦어질수록 아이의 잠재력은 점차 줄어든다."며 아이의 잠재력을 깨우고 계발하는 것은 반드시 필요한 일이라고 강조했다. 그리고 가급적 조기에 이루어져야 한다고 말했다. 그런데 이 과정을 아이 혼자서는 할 수 없다. 그만큼 부모의 역할이 큰 셈이다.

어린아이는 빠른 속도로 많은 것을 받아들인다. 워낙 아이의 뇌가 유연하기 때문인데, 오죽하면 학자들이 21세기에 인류가 풀어낼 마지막 과제로 인간의 '두뇌'를 꼽았을까. 어른보다 작은 크기의 아이의 두뇌가 담아낼 수 있는 양은 상상 이상이다. "조그마한 것들이 뭘 알겠어?"라고 함부로 무시할 게 못 된다.

전 세계에서 어린아이의 두뇌 발달과 관련한 연구를 활발히 하고 있다. 이런저런 연구 결과나 권위 있는 학술자료를 보면 우리는 아이들의 '두뇌 잠재력'이 크기를 가늠할 수 없을 정도로 크다는 것을 알 수 있다. 게다가 아이의 '두뇌 잠재력'이란 것이 막연한 추측이 아니라 '대뇌피질과 뉴런'에 있다는 것, 그것도 영유아기 시기일 때 가장 결정적으로 발달된다고 확신할 수 있다.

"아이들의 두뇌는 결정적인 시기에 발달한다. 그리고 이 시기를 놓치면 되돌릴 수 없게 된다. 특정한 자극을 받아들여야 하는 결정적인 시기를 놓치면 정상적으로 되돌리기가 무척 힘들어진다."

뇌 전문가들의 이러한 말을 통해서 우리는, 아이를 키울 때 '버스 떠나고 손을 흔드는 꼴'이 되어서는 안 된다는 것을 알 수 있다. '결정적 시기'를 놓치고 뒤늦게 후회하지 말고 창의력을 계발하기 위해 두뇌 성장이 가장 활발한 시기에, 적절한 두뇌 자극을 해줘야 한다.

아기는 미완성 뇌를 갖고 태어난다

아기의 뇌는 아직 반죽상태에 있는 점토 같다. 이 말은 곧 아기는 엄마 뱃속에서 이미 완성된 뇌 회로를 갖고 태어나는 것이 아니라 세상에 태어나 외부의 자극에 의해 후천적으로 발전되고 완성된다는 의미이다. 놀랍게도 갓 태어난 아기가 갖고 있는 뇌세포, 즉 뉴런 수는 1,000억 개로 성인의 뉴런 수보다 많다. 더욱 놀라운 것은 그런데도 아이의 뇌는 더 커지고 성장한다는 사실이다. 태어날 때 350그램에 지나지 않던 뇌가 생후 1년이 되면 거의 1,000그램에 이르게 된다고 한다.

그렇다면 도대체 왜 뇌가 커질까. 연구 결과, 뇌세포 수는 거의 고정되어 있지만 세포와 세포 사이를 잇는 회로가 발달하기 때문이라고 한다. 이 회로가 복잡해지고 정교해지면서 뇌 부피와 밀도가 증가하고 지능과 감정이 발달한다. 아이는 태어나면서부터 완벽한 천재가 되는 것이 아니라 태어날 당시에는 느슨했던 뉴런 간의 결합이 경험과 감각으로 인해 강하게 연결되면서 천재가 되는 것이다.

3~6세에 뇌의 신경회로 발달이 최고조에 이른다

아이가 태어난 첫해에 뇌 중심부에서는 뇌세포 간의 회로망이 폭발적으로 늘어나 필요한 양보다 훨씬 많이 만들어진다. 뉴런 하나가 무려 1만 8,000개나 되는 다른 뉴런과 연결되는 것이다. 이러한 뉴런 간을 연결하여 신호를 전달하는 부분을 시냅스라고 한다. 시냅스는 우리가 생각하고, 느끼고, 행동하고, 기억하는 등 모든 자극을 관리하는 통로 역할을 한다. 결국 머리가 좋고 창의적이 되기 위해서는 시냅스가 촘촘하고 정교하게 발달되어야 한다.

한편, 시냅스는 3세가 될 때까지 가장 빠르고 활발하게 만들어지는데, 다양한 자극과 경험들이 두뇌의 기능을 활발하게 만들어 시냅스의 발달을 돕는다. 그래서 우리는 아주 어린아이에게도 음악을 들려주고, 동화책을 읽어주며, 다양한 놀이를 경험하게 해줌으로써 시냅스의 발달을 도우려고 한다. "3~6세에 사고와 인간성 기능을 담당하는 뇌의 신경회로 발달이 최고조에 이른다."는 미국의 연구 결과만 보더라도 조기에 뇌를 발달시키는 것이 얼마나 중요한지 잘 알 수 있다.

그렇다면 적절한 시기에 적절한 자극이 주어지지 않으면 아이의 뇌는 어떻게 될까. 뇌의 특정 부위의 특정 능력이 발달하는 결정적 시기에 이 부위를 사용하지 않으면 뉴런을 연결하는 시냅스는 끊어지고 만다. 시냅스는 뇌에서 항상 살아남기 경쟁을 하고 있기 때문에 사용하지 않는 부분은 결국 사라지게 된다. 실제로 외부자극을 많이 받은 아이와 그렇지 못한 아이를 비교할 때 전자의 뇌가 20~30퍼센트가량 더 크다는 미국 베일러 의대 팀의 연구 결과도 있다.

창의력은 5세가 되면 발전이 급속히 둔화된다

교육학과 심리학에서는 3~6세에 창의성 발달, 정서적 안정성, 사회 도덕적 성향이 대부분 결정된다고 본다. 따라서 이 시기에 창의성, 사회성을 발달시키는 교육이 제대로 이뤄지지 않으면 나중에 이것을 발달시키기는 더 어려울 수밖에 없다. 미국 조지아 대학의 교육 심리학자 토런스 박사는 "창의력은 3세가 되면 급격히 발전하기 시작해서, 만 4세 반까지 절정을 이루고, 5세가 되면 발전이 급속히 둔화된다."고 했다. 결국 창의성이 발달된 훌륭한 뇌를 만들려면 이 시기에 효과적인 교육을 해야 한다는 말이다.

그렇다면 훌륭한 뇌란 어떤 것일까. 일반적으로 대뇌피질이 크고 두꺼울수록 좋은 뇌라고 한다. 그리고 대부분 유아기에 결정되는 대뇌피질의 발달은 다양한 외부자극을 받을 수 있는 풍요로운 환경일 때 피질의 크기가 증가한다. 또한 이러한 환경에 오래 노출될수록 피질은 더욱 성장한다. 즉 아이에게 자극을 많이 주고 다양한 경험을 하게 해주면 각 뉴런의 수상돌기 수가 늘어나 더 큰 수상돌기 숲을 이루고, 피질이 두꺼워져 두뇌에서의 정보전달이 더욱 신속하게 이루어진다. 반대로 뇌의 발달에 열악한 환경, 즉 아무 자극도 없이 무기력한 일상을 보내는 유아기의 아이들은 수상돌기 가지가 가늘어지거나 피질의 두께가 줄어든다. 그러니 멍하니 수동적으로 텔레비전만 보게 할 것이 아니라 아이들이 자극을 받을 수 있는 환경을 만들어 주어야 한다.

7세까지는 마음껏 뛰놀게 하라

흔히들 좌뇌는 언어 능력, 분석 능력 등을 갖춘 과학적·논리적인 뇌라고 하며, 우뇌는 예술적·직관적·종합적 판단을 처리하는 예술적인 뇌라고 말한다. 이것을 창의성과 연관 지어 생각하면, 논리적인 창의성은 주로 좌뇌 활동의 결과로, 예술적인 창의성은 주로 우뇌 활동의 결과로 볼 수 있다. 물론 학자에 따라 창의성은 우뇌의 산물이라는 주장도 있지만, 창의적 문제해결은 아이디어를 만들어 내는 우뇌의 기능과 이것을 다듬고 평가하는 비판적 사고의 좌뇌 기능이 하나로 작용해야 가능하다. 따라서 좌뇌와 우뇌의 균형 있는 발전이 중요하다고 할 수 있다.

노벨의학상을 수상한 미국 신경생물학자 로저 스페리 박사는 "인간의 두뇌는 우뇌와 좌뇌로 구분되며 그 기능이 다르다. 특히 3세 때에는 우뇌가 80퍼센트, 좌뇌가 20퍼센트를 차지하여 좌뇌보다 우뇌가 발달하는 시기"임을 밝혀냈다. 따라서 어린 시절에는 충분히 우뇌를 자극하는 감성적 활동을 경험해야 한다. 좌뇌는 7세 이후 학교 교육으로 자연스럽게 발달하므로 7세 이전에 마음껏 뛰어놀고 경험하며 우뇌 개발에 도움을 주어야 한다.

7세 이전, 마음껏 상상하게 해줘라

잠재되어 있는 아이의 가능성을 충분히 키워주기 위해서는 유아기에 다양한 체험을 할 수 있도록 도와주고, 감정을 풍부하게 만들 수 있는 기회를 제공해 주는 것이 중요하다. 칼 비테 역시 아들의 창의력을 키워주기 위해서 손을 많이 쓰게 하고, 많이 생각하게 했으며, 아들이 뭘 묻든 인내심을 가지고 대답했다고 한다.

잘못된 조기교육, 선행학습 바람에 휘말려 지식 위주의 학습을 시키는 것보다는 7세 이전에는 몸을 많이 움직이면서 다른 사람들과 충분히 교류하고, 마음껏 상상하게 해주는 것이 중요하다. 물론 옆집 아이 엄마가 조기교육이다, 영재교육이다 하면서 온갖 교재와 학습 프로그램으로 난리법석을 떠는데 가만히 있기는 불안하겠지만, 그래도 아이를 위한다면 참고 기다려야 한다. 부모의 호들갑이 아이를 망치는 지름길이다. 그보다 어떻게 하면 아이의 상상력과 창의력을 키우면서 놀 것인지를 고민하며 놀게 하는 것이 훨씬 좋다. 예컨대 그림책을 보고 연상되는 이야기를 지어내는 놀이도 좋다. 글자가 없는 그림책을 이용해 무한한 상상력을 키울 수 있기 때문이다. 그리고 놀이를 할 때도 정해진 장난감 외에 종이, 가위, 깡통, 병 등의 생활용품을 주어 상상력을 발휘해서 놀게 해보는 것도 도움이 된다. 시기에 따른 구체적인 방법을 살펴보면 다음과 같다.

0세에서 3세, 오감을 지속적으로 자극하라

0세에서 3세까지는 다른 시기와 달리 고도의 정신 활동을 담당하는 대뇌피질을 이루는 부분, 즉 전두엽, 두정엽, 후두엽이 골고루 발달한다. 이때 가급적이면 다양하고 많은 정보를 접해야만 두뇌가 골고루 잘 발달된다.

한쪽으로 편중된 학습은 아이의 두뇌발달을 그르칠 위험이 있다. 음식을 먹을 때 골고루 영양을 섭취해서 신체발육을 해줘야 하는데 우등생을 만든답시고 머리에 좋은 음식만 먹인다면 아이는 골골거리는 허약체질이 되기 쉽다. 그런 체질은 아무리 머리가 좋아도 그것을 십분 활용하지 못한다.

학습도 마찬가지이다. 언어는 어릴 때 습득해야 한다며 영어만 교육한다거나, 책읽기가 좋다고 책만 보게 하는 것은 아이에게 큰 도움이 되지 않는다. 그러다 아이가 싫어하고 질려 하면 앞으로도 책이나 영어를 보기만 해도 지레 고개부터 흔들 수 있다. 그보다 아이의 오감을 자극하는 놀이나 공부를 하는 것이 좋다. "엄마, 기차가 뭐야?"라고 물으면 "그건 말이야, 사람과 물건을 실어 나르는 길게 된……."이라고 말로만 설명하거나 책과 비디오만 보여줄 게 아니다. 아이를 데리고 직접 기차역으로 가서 눈으로 보고, 만지고,

냄새를 맡고, 기차의 경적 소리를 듣게 해줘야 한다. 더욱 바람직한 방법은 직접 기차를 타고 여행을 해보는 것이다. 이러한 직접 경험을 통한 오감자극은 아이의 두뇌를 골고루 발달시켜 창의력을 더욱 키워줄 수 있다.

물론 이처럼 실행하기는 말처럼 쉽지 않다. 빨래와 설거지 등 집안일이 산더미같이 쌓인 전업주부는 물론이고, 맞벌이로 직장을 나가야 하는 엄마나 아빠가 하기에는 말 그대로 '큰맘'을 먹어야 가능한 일이다. 그래서 적지 않은 엄마들이 교육용 비디오를 틀어주며, 혹은 책을 쥐어 주며 아이 혼자 보도록 하는 것도 공부라며 애써 위안한다.

이처럼 오감을 활용하는 교육법이 좋은 줄 알면서도 막상 지속적으로 시행하기는 쉽지 않다. 하지만 어쩌다 한번 큰맘 먹고 하는 것은 그리 큰 도움이 되지 못한다. 오감학습으로 두뇌를 자극할 때 지속적으로 해야 뇌가 효과적으로 발달한다.

아이들이 짧은 순간에 접하는 정보는 지나가는 차 안에서 바라보는 바깥 풍경과 같다. 그때만 기억하고 곧 잊어버린다. 이렇게 접한 정보로 만들어진 신경회로는 불안하게 이어져 있어서 금방 없어져 버린다. 아이에게 꾸준히 정보를 줘야만 신경회로가 튼튼해지고 자리를 잡게 된다.

이러니 어쩌겠는가. 아이의 밝은 미래를 위해서는 부모가 좀 더 신경을 써야 한다. 많은 정보를 안정적으로 꾸준히 접하게 해줘야 한다. 하지만 아이에게 무한정 시간을 투자할 수 없는 것이 현실이다. 그렇다면 시간을 정기적으로 정해두거나, 아이와 함께 있을 동안만이라도 최대한 아이에게 집중해서 오감을 자극시켜 줄 수 있도록 노력하면 된다. 중요한 것은 양보다 질이다.

3세에서 6세, 종합적인 사고를 키워라

유아기의 아이들은 인형을 하나 앞에 두고도, 혹은 그림을 하나 놓고도 정말 다양한 상상의 날개를 펼친다. 이러한 아이들의 상상에 날개를 달아주는 것이 바로 '경험'이다. 책을 보면서, 엄마에게 재미있는 이야기를 들으면서, 그리고 부모와 여행을 함께하면서 아이들은 지금껏 겪어보지 못한 새로운 세상을 경험하게 된다. 이러한 경험을 토대로 아이는 무궁무진한 상상의 세계로 빠져 들어간다. 그리고 아이의 사고력은 하루가 다르게 쑥쑥 자란다.

경험 중에서도 가장 좋은 것이 직접 경험이다. 즉, 바다를 책이나 그림으로 보고 아는 것이 아니라, 직접 가서 보고 느끼는 직접 경험이야말로 아이가 가장 강하게 자극을 받는 방법이다. 이 과정에서 정보의 축적이 이루어지고, 그 정보는 아이의 종합적인 사고력을 키우는 데 중요한 힘이 된다. 3세까지의 직접 경험이 오감을 자극하는 것이라면, 6세까지의 직접 경험은 오감자극과 더불어 종합적인 사고력을 키워준다.

유아기는 종합적인 사고기능을 담당하는 전두엽이 집중적으로 발달되는 시기이다. 그러므로 이 시기의 지식교육은 오히려 뇌가 한쪽으로만 굳어져 창의력과 표현력이 약해지기 쉬워서 종합적인 사고기능이 만들어지기 어렵다. 옆집 아이는 벌써 한글을 읽더라며, 무턱대고 아이에게 국어 공부, 수학 공부를 시켜서는 안 된다는 말이다. 많은 것을 보고, 느끼게 해줘야 하는데 방 안에서 책만 본다면 오히려 아이의 사고능력을 떨어뜨릴 위험이 크다.

대뇌피질의 비밀!

두뇌의 대부분을 차지하는 대뇌는 표면이 회백질로 되어 있는데, 이를 대뇌피질이라고 하고 여러 층의 세포층으로 이루어져 있다. 대뇌피질은 부위별로 전두엽, 두정엽, 측두엽, 후두엽으로 구분된다. 이 4가지 엽은 각각 수행하는 기능이 따로 있다. 그 기능은 다음과 같다.

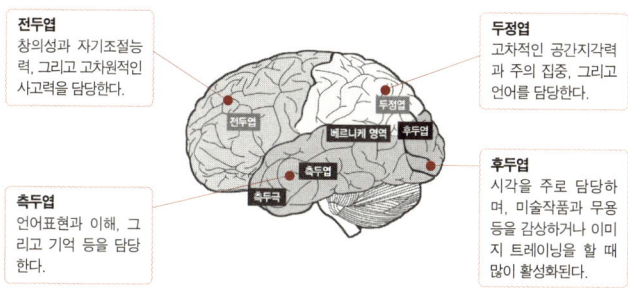

전두엽
창의성과 자기조절능력, 그리고 고차원적인 사고력을 담당한다.

두정엽
고차적인 공간지각력과 주의 집중, 그리고 언어를 담당한다.

측두엽
언어표현과 이해, 그리고 기억 등을 담당한다.

후두엽
시각을 주로 담당하며, 미술작품과 무용 등을 감상하거나 이미지 트레이닝을 할 때 많이 활성화된다.

아인슈타인의 뇌는 보통 사람들보다 왼쪽의 두정엽에 신경세포가 아주 빽빽하게 구성되었다고 한다. 어떤 지능이 발달했느냐에 따라 각각의 엽에 있는 신경세포 구성이 다른 것이다. 또 이 4가지의 엽에는 보이는 것처럼 많은 주름이 있다. 이 주름은 동시에 성숙하지 않는데, 그 이유는 바로 두뇌발달을 촉진하는 화학물질이 서로 다르게 분비되기 때문이다. 이 말은 각각의 영역별로 발달하는 시기가 제각각 다르다는 뜻이다. 그렇다면 그 시기에 따라 할 수 있는 학습과 발달 과정이 있다는 것을 알 수 있다. 즉 '결정적 시기'가 분명히 있고, 그 시기를 놓치지 말고 발달시켜 줘야 한다. 예를 들어 세 살부터 여섯 살까지는 전두엽 부분이 가장 많이 발달하기 때문에 창의성 교육을, 일곱 살에서 열다섯 살까지는 측두엽과 두정엽의 성장이 활발하기 때문에 이때 외국어 공부를 시켜야 효율적인 학습 효과를 기대할 수 있다.

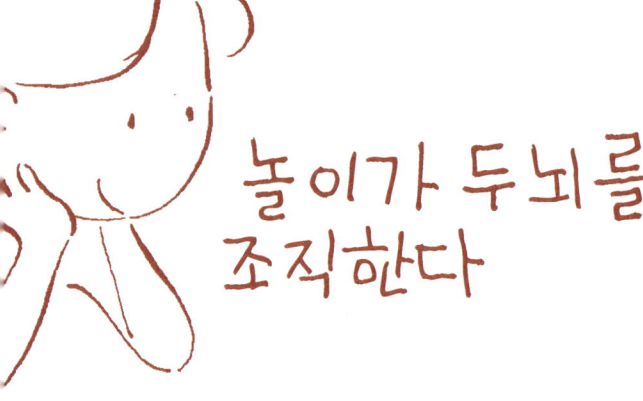
놀이가 두뇌를 조직한다

초등학교를 불과 3개월만 다니고 대학은 1년밖에 다니지 않은 아이가 이제는 천체물리학을 공부하는 석박사 통합과정 연구원이 되었다. 그것도 열세 살의 나이에.

과학기술연합대학원대학교(UST)의 한국천문연구원에 다니는 이 아이는 어릴 때 실컷 놀았다고 한다. 아이의 부모는 놀이기구 타는 것을 너무나 좋아하는 아이에게 "공부해!"라고 윽박지르기는커녕 초등학생이 되기 전에 실컷 놀으라고 아예 3년 치 놀이공원의 연간이용권을 끊어 주었다.

아이에게 놀이공원은 놀이와 더불어 공부하는 곳이었다. 한글 공부도 공원에서 지도를 읽기 위해서 스스로 하였고, 자기가 신나게 타고 즐기는 놀이기구가 도대체 어떤 원리로 작동하는지 궁금해서 물리학과 수학을 공부하였다. 이렇게 실컷 놀았던 아이는 최연소 대학생이라는 타이틀에서 이제 한국 최연소 박사라는 타이틀을 눈앞에 두고 있다.

마음껏 놀았던 이 아이는 예정대로만 된다면 2012년에 한국 최연소 박사가 될 송유근 군이다. 4~5세 때부터 학원이 아닌 놀이공원으로 향한 유근이는 다른 사람이 시켜서 하는 공부가 아니라 자신이 좀 더 재미있게 놀기 위해서 공부를 했다. 한글을 그렇게 공부했고, 물리학과 수학을 만난 것도 놀이공원에서였다.

자신이 좋아하는 분야를 '업(業)'으로 삼는 일만큼 부러운 것은 없다. 유근이는 어릴 적 놀이의 경험에서 자기가 공부하고 싶은 것을 찾았고, 또 지금도 그 공부를 계속하고 있다. "일류대를 나와야 해!", "무조건 SKY에 들어가야 돼!"라며 부모나 다른 사람이 강요해서 하는 공부는 천재성이나 창의두뇌 발달과는 거리가 멀다. 물론 부모는 "무슨 소리야? 이렇게 살벌한 경쟁사회에서 우리 아이가 살아남으려면 유치원부터 엘리트 코스를 밟아야지!"라고 할 수 있다. 그러나 자신의 의지나 호불호와 상관없이 강요에 의해 사는 인생은 행복과 거리가 멀어질 수밖에 없다.

창의두뇌 인재, 놀이로 키워진다

인간과 컴퓨터의 가장 큰 차이점은 뭘까? 연산능력과 공식으로 답을 맞히는 것은 컴퓨터를 따라갈 수 없겠지만 다소 엉뚱하다 할지라도 창의적인 생각과 창조성은 인간이 앞설 수밖에 없다. 창의적인 생각을 할 수 있느냐, 없느냐가 바로 컴퓨터와 인간의 가장 큰 차이점이다. 이처럼 창조성은 '입력된 공식'으로 나오는 결과가 아니다. 다양한 자극과 생각의 무수한 가지 뻗기로 나타나는 창조성은 놀이를 하면서 자극받는 경우가 많다. 아이들에게는 놀이야말로 가장 큰 창조성 키우기 프로그램인 셈이다.

미국의 버클리 대학 메리언 다이아몬드(Marian Diamond) 교수가 생쥐를 대상으로 실험을 하였다. 생쥐를 두 무리로 나누어서 한 무리에는 갖가지 놀이기구를 줘서 다양한 행동을 할 수 있도록 하고, 다른 한 무리에는 놀이기구도 없이 그저 단순한 행동만 할 수 있는 환경을 만들어 주었다. 서로 다른 환경에서 자란 생쥐들은 확연히 다른 실험결과를 보여주었다. 놀이기구가 많았던 생쥐 무리는 그렇지 않은 생쥐들보다 신경교세포(영양이나 산소를 신경세포에 공급하는 역할을 담당)가 훨씬 많아졌다고 한다. 한마디로 놀이가 두뇌를 발달시킨 것이다.

우리가 사용하는 도구도 사용하지 않으면 녹이 슬거나 먼지가 쌓여 쓰기가 곤란해질 경우가 있다. 두뇌 역시 마찬가지이다. 지속적인 자극을 줘야만 두뇌가 발달하는 법이다. 아이들에게 자극을 주기에는 놀이만큼 좋은 것이 없다. 그리고 이 놀이는 '일상적으로' 이루어져야 한다. 천재는 갑자기 되는 것이 아니다. 벼락을 맞고 초인적인 능력을 얻는다는 만화 같은 일이 현실에서는 일어나지 않는다. 19세기 스페인의 유명한 바이올리니스트인 사라사테(Pablo de Sarasate)에게 어떤 유명한 비평가가 천재라고 호평을 하였다. 그러자 사라사테는 "천재라고? 37년 동안 하루도 안 빠지고 14시간씩 연습을 했는데 나보고 천재라고?" 하며 오히려 반문했다. 이처럼 천재는 끈기와 지속적인 훈련이 뒷받침되어야 한다. 아이들의 천재성을 키우기 위한 지속적인 훈련은 바로 놀이다.

7세 이후에는 창조성을 발휘할 수 있는 두뇌발달이 어렵다는 것을 감안한다면 역시 결론은 어릴 때 많이 놀게 해줘야 한다는 것이다. 말도 제대로 못하고 행동도 어수룩한 아이들이지만 두뇌의 능력을 본다면 어른들의 30배가 넘는다고 한다. 하지만 나이를 한 살 더 먹을수록 능력이 감소되는 이른바 '재능체감의 법칙'을 거치게 되면서 점차 천재가 아니라 평범한 아이가 되어 버린다.

꾸준히 놀게 해주고, 지속적으로 자극을 받을 수 있는 환경을 만들어준다면 얼마든지 아이는 재능을 키워나갈 수 있다. 심지어 부모의 재능과는 아무런 상관이 없는 분야라 하더라도 얼마나 지속적으로 아이에게 '자극의 환경'에 노출시켜 주느냐에 따라 창의두뇌는 발달할 수 있다. 엄마가 음악을 별로 좋아하지 않아서 아이가 뱃속에 있을 때 음악을 전혀 들려주지 않았고, 또 태어난 후에도 마찬가지였다면 그 아이의 뇌에서 음악지능은 발달되기 어렵다. 하지만 소위 태교음악이라 해서 뱃속에서부터 음악을 자주 들려주고, 또 태어난 후에도 계속 음악을 들려주는 환경이었다면 아마도 그 아이의 음악지능은 발달할 수밖에 없다. 심지어 양쪽 부모 모두가 음치라 하더라도 아이의 음악적 지능과 재능은 뛰어날 가능성이 매우 높다. 이처럼 놀이를 즐길 수 있는 환경, 자극을 항상 받을 수 있는 분위기를 만들어주는 것이 부모의 몫이다.

놀이가 곧 학습이자 아이의 생활이다

"이제 그만 놀고 빨리 공부해!", "블록 쌓기는 시간 날 때 하고 한글 공부 해야지!"

이제 겨우 대여섯 살이 된 아이에게 한글도 모자라 영어와 수학, 과학을 가르치는 엄마가 늘고 있다. 사실 초등학교에 들어가기 전까지 아이의 생활 대부분은 놀이다. 즉 아이에게는 놀이가 인생이요, 삶의 전부인 것이다. 그런데 놀지 말라니. 이런 억지스러운 상황을 만들기보다 아이가 '어떻게', '무엇을' 가지고 놀아야 할지를 생각하는 것이 더 현명한 엄마의 모습일 것이다.

아이가 노는 것보다 책을 보면서 시간을 보내기를 원하는 엄마들이 많다. 그런데 아이는 책보다 장난감과 놀이터를 더 좋아해서 아무리 책을 읽으라고 해도 거들떠보지도 않는다. 게다가 책을 보더라도 예쁜 그림이나 만화가 있는 것만 골라본다고 하소연을 하는 엄마들도 있다. 하지만 이게 어디 하소연할 일인가. 하소연을 하기 전에 생각해 보자. 엄마가 아이에게 무턱대고 책을 보라고 시킨 것은 아닌지 말이다. 7세 이전의 아이들에게 책은 독서라는 공부의 의

미보다 다른 장난감과 똑같은 놀이도구에 지나지 않는다. 책을 읽고 난 뒤에 뭔가 깨달아야 하고, 또 외워야 하는 것은 아니다. 그런데도 엄마는 책 읽는 것이 공부라며 규칙을 정하고, 분량을 정해서 공부를 시키려고 한다면 아이와 엇박자가 생길 수밖에 없다.

아이가 책읽기를 싫어하는 이유는 바로 재미를 못 느꼈기 때문이다. 이 말은 아이가 책읽기를 재미있는 놀이로 여기면 문제는 자연스럽게 해결된다는 뜻이다. 엄마가 항상 책 읽는 모습을 보여주면서 아이의 호기심을 불러일으키고, "읽어!" 라는 지시보다는 아이에게 읽어주면서 이야기의 재미에 빠지게 하면 된다. "즐거우면 뇌도 웃는다."는 말처럼 아이가 재미를 느낄 수만 있다면 집중력은 높아지게 된다.

잘 노는 아이가 공부도 잘한다는 말이 괜히 나온 것이 아니다. 오감을 자극하고 즐겁게 놀면 놀수록 창조성이 발달하게끔 사람의 두뇌는 만들어졌다. 잘 놀고 기분이 좋은 상태에서는 고도의 정신 기능과 창조성이 발휘되는 신경전달물질인 도파민의 분비가 늘어난다고 한다.

"놀이 자체는 아동의 영혼에 있는 무엇인가를 자유롭게 표현하는 것이라서 놀이는 아동기 인간발달의 최고 표현이다."라고 한 프뢰벨(Friedrich Wilhelm August Fröbel)의 말에서 알 수 있듯이 놀이가 곧 천재성의 원동력이다. 굳이 비싼 장난감이나 고급 놀이공원이 아니더라도 막대기 하나, 종이 한 장을 가지고도 상상의 세계를 만들어 낸다. 그 세계를 탐험하는 과정 자체가 창의성과 두뇌발달의 과정이라고 할 수 있다.

　내 아이가 외우거나 이해하는 정도가 더디다고 불안해할 필요가 없다. 규칙대로, 매뉴얼대로 행동하고 외울 줄 알아야 한다는 생각만 머릿속에서 지워버리면 훨씬 더 효과적인 학습, 즉 놀이로 배우는 공부를 할 수 있다. 굳이 노력해서 외우지 않아도 놀이를 통해 자연스럽게 익힐 수 있다. 예컨대 아이에게 교통규칙을 알려주려면, 미리 집에서 신호등 색깔대로 준비한 셀로판지와 횡단보도 등을 만들어 둔다. 그리고 아이에게 교통경찰 역할을 맡게 하여 실제 상황과 비슷하게 연출한다면 아이는 재미를 느끼면서 교통규칙을 이해할 수 있을 것이다. 이처럼 놀이는 아이들이 가장 쉽게 공부를 할 수 있는 방법이다.

놀이로 성취감을 가지게 하라

　"아빠! 나 이거 설명서도 보지 않고 직접 만들었어요!" 간단한 프라모델을 조립하는 것이지만 아빠의 도움이나 설명서를 보지 않고 스스로 만들어낸 것에 대해 아이는 흥분을 감추지 못한다. 아빠는 아이의 작품을 감상하며 연신 "대단한데!" 칭찬해 준다. 그러면 아이는 어깨를 으쓱이며 또 다른 것을 만들어보겠다고 블록을 상자째 들고 나온다.

　놀이는 아이에게 무궁무진한 생각과 창의성을 불러일으킨다.

블록을 가지고 생각지도 못한 형태를 만들어내며 나름대로 그것이 무엇인지 설명을 한다. 이른바 스토리텔링을 하는 것이다. 그리고 하얀 도화지 위에 상상의 날개를 마음껏 펼치며 새로운 세계를 그려간다. 이때 아이의 작품을 이해하지 못하고 그저 방 안을 어지럽힌다고 생각하여 꾸짖는다면 아이의 창의두뇌 발달을 가로막는 꼴이 된다. 충분히 칭찬해주고, "다른 것도 만들 수 있어?"라고 관심을 보인다면 아이는 성취감을 얻게 되고, 창의성을 발휘하여 더 훌륭한 작품에 도전하게 된다.

그뿐만 아니다. 뭔가 만들고자 할 때 뜻대로 되지 않아 쉽게 포기하려는 아이에게 지금까지 만든 것을 칭찬해 주면서 "너는 충분히 할 수 있어."라는 말 한마디만 해주어도 아이는 자신감을 가지고 다시 도전할 것이다. 그리고 성취감을 얻게 된다.

이처럼 놀이는 아이들에게 "뭔가 해냈다."는 성취감을 가지게 하기에 아주 좋다. 그리고 성취감은 창의력의 나뭇가지를 쭉쭉 뻗게 하는 자양분이 되어 준다. 아이가 만들거나 그린 것이 어딘지 어색해 보여도, 혹은 앞뒤가 맞지 않는 동화를 지어내더라도 굳이 어른의 시각으로 해석하려 들지 마라. 기존의 것과 다른 것을 만들어내고, 새로운 이야기를 꾸며나가는 것이야말로 창조성의 표현이다.

창의력으로 경쟁하는 기업

인간의 창의력이 강력한 경쟁력으로 작용하는 요즘 기업 역시 좀 더 편안하고 자유로운 근무환경을 제공하여 직원들의 상상력과 창의력을 계발하는 데 힘쓰고 있다. 미국 사람들이 가장 선호하는 회사로 꼽히는 구글은 근무 시간의 20퍼센트를 개인 프로젝트에 쓰도록 한다. 직원들은 이 자유 시간에 자기의 흥미와 관심에 맞는 일을 찾아내고, 스스로 팀을 조직하여 자유 프로젝트를 수행한다.

구글이 직원들에게 자유를 부여하는 것은 비단 업무시간만이 아니다. 근무복장 또한 티셔츠와 청바지 등의 편안한 복장이며, 자동 안마의자, 포켓볼 당구대, 전자오락기, 로봇 등의 놀이기구와 장난감, 먹을거리 등을 제공함으로써 일하는 공간 역시 편안함을 제공하기 위해 노력한다. 이러한 외적 편안함은 그들의 무한한 상상력을 자극하여 창의적이고 혁신적인 아이디어가 나올 수 있도록 해준다.

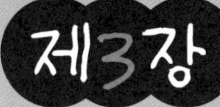

제3장
창의 두뇌를 만드는 부모의 힘

씨앗을 심어 잎이 나고 열매를 맺기 위해서는 자연스런 기다림의 과정이 필요하다. 조급한 마음으로, 쑥쑥 자라기를 바라는 욕심으로 줄기를 잡아 당겨서는 안 된다. 아이를 키우는 부모의 마음은 벼를 기다리는 농부의 마음과 같아야 한다. 정성들여 물을 주고 거름을 주되, 결코 욕심으로 벼를 잡아 당겨서는 안 되는 것이다.

"안 돼!"라고 말하지 않는다

아이가 모빌의 움직임을 좇으며 눈을 반짝이고 팔을 뻗었다. 행복한 눈으로 아이를 바라보던 엄마는 문득, '한 가지만 보면 지루할지도 몰라' 라는 생각을 하였다. 그래서 아이를 위해 다양한 형태와 색깔의 모빌을 교대로 바꾸어 주었다. 아이는 어느덧 집안 곳곳을 누비며 이것저것에 호기심을 발산했다. 하루는 아이가 엄마의 화장대에 있던 티슈에 관심을 보이자, 엄마는 아이가 마음껏 뽑고, 찢고, 뭉쳐 새로운 형태를 만들 수 있도록 티슈를 통째로 건넸다. 그리고 마음대로 형체를 빚어볼 수 있도록 점토도 건네 주었다. 엄마는 아이를 미술학원에 보내는 대신에 집에서 핑거 페인팅, 찰흙공작, 그림 그리기를 같이 했다.

천재남매 쇼와 사유리를 길러낸 진경혜 씨의 이야기이다. 쇼는

5세에 영재학교에 입학해 월반을 거듭했으며, IQ는 200 이상으로 측정 불가라는 판정을 받았다. 그리고 9세 때 미국 최연소 대학 입학과 수석 졸업, 새로운 단백질 발견으로 특허를 취득해 미국 전역을 놀라게 했다. 5세 아래의 여동생 사유리 역시 10세에 대학에 입학해 오빠 못지않은 천재로 주목받고 있다.

만약 진경혜 씨가 티슈를 신나게 뽑고 있는 아이에게서 티슈 통을 낚아채 아이의 손이 닿지 않도록 높은 곳에 치워두었더라면 어땠을까. 아이는 자신의 손이 닿을 수 없는 티슈 통을 올려다보며 '가능성' 하나를 닫았을지도 모른다.

오래전 친구네 놀러 갔다가 적지 않게 놀란 적이 있다. 거실이며 방이며 서랍이란 서랍이 죄다 투명테이프로 붙여져 있는 것이다. 무슨 일인지 의아해하는 나에게 친구 부인이 "아이가 서랍을 마구 뒤져서요."라고 말하며 살며시 웃었다. 물론 아이가 엉망으로 만들어 놓은 서랍을 다시 정리하는 일은 번거롭고 힘들다. 하지만 아이에게 서랍은 신기한 마법 상자와도 같다. 또 서랍 속에서 나오는 물건들 하나하나는 아이의 상상력을 열어주는 훌륭한 교구가 된다. 아이가 번뜩이는 아이디어를 내뿜고, 열정적이고 도전적인 인재가 되기를 원한다면 지금 당장 닫힌 서랍을 열고 아이와 함께 '놀이'를 시작하자.

아이의 천재성을 기죽이지 마라

모든 인간은 천부적으로 위대함을 지니고 태어난다. 그러나 그들 중 99퍼센트는 "안 돼!", "하지 마!"라는 말 앞에 둔재가 되어 버리고 만다. 아무리 손을 뻗어도 닿지 않는 티슈 통, 열려고 안간힘을 써도 열리지 않는 서랍은 아이에게 "안 돼!"라고 소리치는 것과 다르지 않다.

아이들은 마음껏 손을 움직이고 호기심을 발동하며 그들 속에 잠재된 1퍼센트의 천재성을 열어가고 있다. 다른 사람에게 피해를 주는 행동이 아닌 이상 무턱대고 아이의 행동을 저지해서는 안 된다. 막 열리려고 꿈틀거리던 아이의 천재성이 부정적 눈길과 목소리에 그만 주눅들어 버리고 만다. 살아남는 1퍼센트를 원한다면 결코 아이의 창의력을 기죽여서는 안 된다.

"챔피언으로 태어나 패배자가 되다."

몇 년 전, 세계적인 신발회사인 캔버스가 내걸었던 광고문구이다. 이는 사람은 모두 천부적 재능을 지니고 태어나지만 환경 속에서 한계를 경험하게 되고, 결국 패배자로 끝난다는 것을 비유한다. 천재로 태어나 평범하거나 둔재로 살아간다는 것은 사회적으로 볼 때도 엄청난 손실이며 안타까운 일이다. 그런데 더욱 안타까운 것은 아이에게 가장 많은 좌절을 경험하게 하여 둔재로 만들어 버리는 사람이 다름 아닌 부모라는 것이다.

필자의 친한 후배의 딸인 중학교 2학년 현지는 드러머가 되는 것이 꿈이라고 한다. 작고 가냘픈 체구에서 어떻게 그런 힘이 나오는지 현지가 드럼을 연주하는 모습을 지켜보면 엄마 아빠는 온 몸에 전율이 느껴질 정도다.

"세계적인 드러머가 되기 위해 음악 이론 공부도 열심히 하고 있어요. 그리고 유학을 가기 위해 영어 공부도 열심히 하구요."

자신의 꿈을 위해 열심히 노력하는 현지의 모습은 너무나 당당해 보였다. 그런데 현지가 이런 드러머의 꿈을 품기까지는 우여곡절도 많았다고 한다.

"어휴, 시끄러워! 제발 좀 그만 두드려대라!"

어릴 때부터 현지는 양손에 작은 막대를 들고 온 집안의 물건을 두드려대고 다녔다. 그리고 어느 순간부터는 아예 제 앞에 그릇이나 유리병, 플라스틱 상자들을 가져다 놓고 두드려댔다. 참다못한 아빠는 "제발 좀 그만하라!"며 현지 앞에 놓인 것들을 치워버렸다.

"왜 그래요? 아이가 좋아서 그러는 걸."

엄마는 아빠와는 달리 적극적으로 현지가 좋아하는 것들을 할 수 있게 해주었다. 심지어는 크기가 다른 빈 캔들을 모아 그럴듯한 미니 드럼을 만들어주기까지 했다. 그럴수록 아빠의 불만은 쌓여만 갔다.

"여보, 난 우리 현지가 행복했으면 좋겠어요. 빈 캔들을 두드리며 현지가 얼마나 행복한 표정을 짓는지 본다면 당신이 현지에게 그만하라며 소리를 지르지는 못할 거예요. 그리고 우리 현지는 단지 캔들을 두드리고 있는 게 아니에요. 현지는 음악을 연주하고 있는 거라구요."

엄마는 아빠에게 맞서는 대신 설득을 하기 시작했다. 아빠는 울며 겨자 먹기로 현지의 연주를 들어주기로 했다. 그런데 정말 현지는 각각의 캔들에서 나는 음이 다르다는 것을 알고 있는 듯했다.

"그래서 말인데요, 현지도 이제 일곱 살이고 하니 드럼을 전문적으로 배우는 것도 좋을 것 같아요."

엄마는 현지가 좀 더 전문적으로 드럼을 배울 수 있도록 아빠를 설득했다.

"저는 드럼을 칠 때가 가장 행복해요. 드럼은 다른 악기들을 보조해주는 듯하지만 알고 보면 다른 악기들을 리드하고 있거든요."

10년 가까이 드럼을 배우지만 현지는 한 번도 싫증을 내지 않았다. 오히려 작곡을 배우고 싶다는 야무진 꿈까지 보태졌다.

"제가 그때 현지에게 '안 된다'고만 소리쳤다면 어땠을까요? 아마 훌륭한 천재 드러머 하나가 그저 그런 평범한 삶을 살아가고 있겠죠. 꿈을 잃은 불행한 모습으로 말이에요."

후배는 현지의 재능을 일찍 발견해준 아내에게 감사하다고 했다. 그리고 현지가 드러머의 꿈을 이룰 수 있도록 응원을 아끼지 않겠다는 말도 덧붙였다.

아이의 천재성을 찾는 사람도 부모이지만, 아이의 천재성을 묻어버리는 사람도 부모임을 안다면 말 한마디, 행동 하나라도 아이를 배려해야 한다. 모난 돌에 정을 때리기보다는 내 아이가 특별한 1퍼센트임을 믿고 그것을 살려주도록 노력해야 한다.

"선생님, 우리 아이가 엉뚱하고 산만한 것이 다른 아이에게 방해가 되지 않는다면 그 아이의 기를 꺾지 말아 주세요. 엉뚱한 질문을 할 땐 '집에 가서 어머니에게 여쭤보렴.'이라고만 해주세요. 그리고 그 애의 질문을 전화로 제게 알려주시면 제가 도서관에서 자료를 찾아 답해주는 데 큰 도움이 되겠습니다."

세계 최고의 영화감독 스티븐 스필버그의 어머니가 늘 아들의 엉뚱함을 지적하던 선생님에게 한 말이다. 스필버그의 어머니는 아들의 넘치는 호기심과 상상력을 통제하지 않았다. 그리고 한 번도 아들에게 "안 된다."는 말을 한 적이 없었다. 오히려 아들이 하고 싶어 하는 대로 마음껏 하게 했다. 수학 시험을 보기 싫어 꾀병을 부려도 어머니는 아들을 혼내기는커녕 오히려 걱정하는 모습을 보였다. 그 결과 스필버그의 성적은 바닥을 기었고, 정규대학에도 진학하지 못했다. 하지만 그는 지금 뛰어난 상상력과 창의력으로 세계에서 인정받는 천재 영화감독이 되었다.

천재성 판단 체크리스트

혹시 우리 아이가 천재가 아닐까 궁금한 엄마라면, 아래의 체크리스트를 활용해 보자. 동그라미가 8개 이상 나오면 전문가의 판단을 받는 게 좋다. 뛰어난 천재라도 조기에 적절한 교육을 받지 못하면 천재성을 잃을 수 있기 때문이다.

- ☐ 언어에 대한 이해력과 표현력이 좋은 편이다.
- ☐ 숫자에 흥미를 느끼고 관심을 보인다.
- ☐ 많은 양의 정보를 쉽게 받아들이고 기억력이 좋다.
- ☐ 과학이나 수학, 독서 등 한 가지에 깊이 빠져든다.
- ☐ 창의적이다.
- ☐ 호기심이 많고 귀찮을 정도로 질문이 많다.
- ☐ 보통 아이들이 쉽게 지나치는 것에 흥미를 보이고 관찰한다.
- ☐ 새로운 상황에 적응하는 능력이 뛰어나다.
- ☐ 중요한 것과 중요하지 않은 것을 구별하는 판단력이 있다.
- ☐ 자기주장이나 고집이 세다.
- ☐ 다양한 분야에 흥미를 보인다.
- ☐ 유머감각이 있어 우스운 이야기를 들려주려고 한다.
- ☐ 쉬운 문제보다는 복잡한 문제를 좋아한다.
- ☐ 집중력이 높다가도 산만해지는 등 가늠하기 어려울 때가 있다.
- ☐ 문제를 자기 생각대로 해결하려는 경향이 있다.
- ☐ 때로는 이상한 방법으로 문제를 풀기도 한다.

서예원, 《내 아이의 숨어있는 영재성을 찾아라》

지나친 욕심으로 아이의 천재성을 죽이지 않는다

박쥐보다 예민한 청각, 베토벤과 모차르트가 울고 갈 연주 실력도 모자라 온갖 난해한 학문까지 소화해 내는 IQ 180의 다섯 살 천재소년. 일찍부터 아이의 천재성을 발견한 부모는 그것을 키워주기 위해 최선의 노력을 다한다. 여섯 살이 되자 엄마는 아이에게 더 나은 교육을 위해 명성 있는 교수에게 레슨을 받게 한다. 열두 살이 되자 엄마는 세계 최고의 피아니스트를 찾아가 레슨을 받을 수 있도록 준비한다. 그러던 어느 날 아이는 우연한 사고를 계기로 자신의 모든 재능을 숨겨 버린다. 엄마 아빠 앞에선 피아노도 절대 치지 않고, 180이 나오던 아이큐는 보통 수준으로 나오도록 시험을 본다. 그리고 마침내 부모가 자신에 대한 모든 욕심을 접었을 때 부모 몰래 피아노를 연주한다.

영화 〈비투스〉(Vitus, 2006)의 줄거리다. 자타가 공인하는 천재소년 비투스. 일찍부터 아이의 재능을 발견하고 물심양면으로 밀어주는 헌신적인 부모. 우리가 알고 있는 "내 아이 천재 만드는 비법"에 비추어 본다면 매우 바람직한 부모의 모습이 아닐 수 없다. 그렇다면 도대체 뭐가 문제이기에 천재소년 비투스는 자신의 천재성을 감추는 연기를 했을까?

비투스의 부모는 바로 '아이의 의지'를 놓친 것이다. 좋아하고, 잘한다, 그리고 천재성을 보인다고 해서 아이가 반드시 그것을 해야 한다는 생각은 잘못된 것이다. 특히 비투스 같은 경우는 음악적 재능도 뛰어나지만 과학을 비롯한 다방면의 재능도 갖춘 아이다. 이럴 경우 다양한 분야에 접할 수 있는 환경을 제공해 주고 부모는 반 발짝 물러나 진득하게 기다려야 한다. 부모의 욕심으로 아이의 미래를 성급히 디자인해서는 안 된다. 아이의 천재성은 얼마 가지 못해 상처받고 짓눌려져 천재는커녕 부모의 지시대로 움직이는 꼭두각시가 될지도 모르니 말이다.

천재성도 욕심 앞에서는 기가 죽는다

영화 같은 일이 현실에서도 일어나고 있다. 거리의 여자로 추락한 영국의 수학천재 이야기는 부모의 지나친 욕심이 아이의 인생을 망칠 수도 있다는 경고를 한다. 한때 수학천재로 세상을 떠들썩

하게 했던 수피아 유소프는 생후 14개월 만에 알파벳을 깨치고, 3세 때 영어로 읽고 썼으며, 4세 때는 히브리어, 다음해에는 스페인어를 배웠다. 그리고 13세가 되던 해에 수학적 재능을 인정받아 영국의 명문 옥스퍼드 대학에 입학했다. 그녀의 부모는 직장도 그만두고 자식 교육에만 매달릴 정도로 열성적이었다. 그러나 부모의 지나친 관심은 그녀를 오히려 타락의 길로 내몰았다. 대학 입학 후 2년 뒤인 15세에 그녀는 기말시험을 치른 후 가출을 한다. 가출과 중퇴로 방황하던 그녀는 결혼도 파경을 맞았고, 결국은 성매매 여성으로 전락하고 말았다. 축복인 줄만 알았던 재능이 부모의 지나친 관심과 욕심 때문에 결국에는 아이의 인생을 망치는 결과를 가져왔다.

"아이를 위해서, 아이를 너무 사랑해서"라는 말은 변명에 지나지 않는다. 마음이 앞선 나머지 '어떻게' 사랑해야 할지를 모른다면 볏모를 뽑아 올려놓고 벼가 잘 자라도록 도와주었다고 착각하는 알묘조장(揠苗助長)과 다르지 않다.

아이의 재능을 발견했다면 다음 단계는 아이가 그것을 하면서 충분히 즐거워하는지 관찰하는 일이다. 또 무엇보다도 중요한 것은 아이와 대화를 충분하게 해서 아이의 의사를 먼저 타진해 보아야 한다. 아이의 천재성에만 욕심을 내고 아이의 행복을 고려하지 않는 어리석은 부모가 되어서는 안 된다.

아이가 원하는 길로 끌어주라

간혹 주위에는 일찍부터 아이의 재능을 발견했음에도 불구하고 부모의 기대와 맞지 않는다는 이유로 그것을 무시하는 경우가 종종 있다. 로봇과학자가 되는 것이 꿈이었던 승재(가명)는 초등학교에 들어가며 훌륭한 외교관이 되는 꿈을 품어야 했다. 엄마는 외국에 나가 우리나라를 알리고 나라에 이득을 주는 협상을 해내는 승재를 상상을 하면 기분이 좋아진다며 승재에게 반드시 외교관이 되어야 한다고 말했다. 평소 반기문 총장님을 존경하는 승재로서는 외교관이 되는 것도 딱히 싫지는 않았다. 그런데 승재에게 외교관이 되는 길은 멀고도 고달프기만 하다.

승재는 어릴 때부터 로봇 만들기를 좋아하고 남다른 창의성을 보였다. 하지만 부모님은 그런 승재의 관심분야와 재능을 읽기보다는 "승재가 혹시 천재가 아닌가"에만 주목했다. 또래보다 똑똑한 승재를 보며 부모님은 승재를 외교관으로 키우겠다는 마음을 더욱 굳혔다.

엄마는 승재를 5살 때부터 영어 유치원과 영재학원에 등록시켰다. 아무리 천재라 하더라도 특목고를 나오고 외국어에 능통해야 외교관이 될 수 있는 것이 우리의 현실이기 때문이다. 대신 어린 승재가 힘들어하면 주말을 이용해 여행을 간다든가 좋아하는 로봇 만들기를 맘껏 하게 해줌으로써 승재의 불만을 조금은 덜어주었다. 하지만 초등학교에 올라가자 그마저도 불가능해졌다.

고소득 전문직에 종사하는 부모님 덕분에 승재는 그야말로 돈 걱정 없이 마음껏 배울 수 있는 축복을 받았다. 하지만 이것은 겉으로 본 평가일 뿐 정작 승재에게는 불행과도 같은 일이었다. 학교를 마치면 바로 영어회화학원으로 직행해야 하고, 영어회화학원을 마치고 나면 특별한 방법으로 영어 단어를 외우게 해 준다는 또 다른 영어학원으로 가야한다. 잠시 집에 들러 저녁을 먹고는 다시 또 수학학원으로 향한다. 6학년이 되고부터는 주말마저도 엄마 아빠와의 오붓한 시간을 가질 수 없다. 주말에는 명문대에 다니는 사촌 형으로부터 과외를 받아야 하고 학원에서 내준 주말 숙제를 해야 하기 때문이다. 그토록 좋아하던 로봇은 만져본 지 언제인지 기억도 나지 않는다.

6학년이 된 승재는 이제 왜 외교관이 되어야 하는지도 잊어버렸다. 외교관이 되기 위해 지금처럼 공부의 노예가 되어 사느니 좀 더 평범한 삶을 살고 싶어지기도 한다. 그나마 승재가 숨을 쉴 수 있는 시간은 잠들기 전 엄마 아빠 몰래 컴퓨터 게임을 하는 시간이다. 하지만 이마저도 엄마에게 들키는 바람에 한 달째 컴퓨터 금지령이 내렸다.

승재는 자신의 처지만 생각하면 갑자기 화가 난다. 그 때문인지 요즘은 친구들에게 화도 잘 낸다. 어떨 때는 한없이 우울해져서 수업시간에도 멍하니 창밖만 내다볼 때도 있다. 얼마 전에는 학교 영어 시험에서 일부러 틀리기까지 했다. 자신이 잘하면 잘할수록 엄마 아빠의 기대는 하늘 높은 줄도 모르고 더 높아지기 때문이다.

"나의 부모님은 그들의 욕심이나 욕망 때문에 자신들의 목표를 나에게 주입시키지 않았다. 내가 스스로 목표와 흥미, 재능을 찾고 성장시킬 수 있도록 이끌었다."

19살이라는 나이로 최연소 교수가 되어 기네스북에 이름을 올린 알리아 사버의 말이다. 그녀는 교육이 낳은 결과보다는 어떻게 성장했는지 그 방법이나 과정이 아이의 영재성을 키우는 데 더 큰 영향을 미친다고 덧붙였다.

승재의 경우, 어릴 때부터 로봇 만들기라는 특별한 분야에 천재성이 보였음에도 불구하고 엄마 아빠는 그것이 자신들의 바람과 맞지 않다고 해서 애써 무시해 버렸다. 그 결과 승재는 공부에 대한 목표의식은 물론이고 삶의 즐거움조차도 잃어버린 무기력한 모습이 되었다. 어쩌면 로봇 분야의 천재로 훌륭한 업적을 남기게 될 지도 모르는 어린 새싹을 부모는 그들의 욕심으로 짓밟아 버린 것이다. 그 결과 자신의 꿈을 찾고 그것을 향해 나아가야할 6학년 승재는 그 무엇도 하고 싶지 않고, 그 무엇도 행복하지 않은 무기력한 아이가 되었다.

나비가 되려는 애벌레를 기다려주어라

아이는 유리그릇과도 같아서 조금만 잘못 건드려도 상처가 나거나 깨져 버린다. 그래서 부모는 늘 아이를 대할 때 신중해야 한다. 이것은 일찍부터 재능을 드러내 보이는 아이에게도 해당되는 말이지만, 시간이 지나도 도무지 재능을 보이지 않는 아이에게도 해당되는 말이다.

온갖 영재 관련 서적을 읽으며 부모는 완벽하게 준비를 마쳤건만 아이는 아무리 기다려도 재능을 보일 기미가 없다. 속이 타는 건 이해가 되지만 서두른다고 꽃이 피고 열매가 맺는 건 아니다. 충분한 햇빛과 물을 주고 있다면 언젠가는 꽃이 피고 열매를 맺을 거라고 믿고 기다려야 한다. 즉, 아이에게 마음껏 상상하고 체험할 수 있는 환경을 만들어 주었다면 믿음을 가지고 기다려야 한다는 말이다.

작은 애벌레도 신비로운 탄생의 과정을 거치면 아름다운 나비가 된다. 아이 역시 마찬가지이다. 자신의 재능을 감춘 애벌레 시기를 지나면 언젠가는 나비가 되어 날아오른다. 때로는 그 과정에서 '도대체 쟤는 뭐 하나도 잘하는 게 없어?', '자라서 뭐가 되려고 저러나.' 하는 막막함을 느낄 수도 있다. 하지만 인간은 저마다 자기만의 재능을 지니고 태어났다는 것을 믿어야 한다. 그리고 기다려 주어야 한다. 그런 믿음과 기다림 속에서 아이는 아름다운 나비로 완벽하게 변신할 수 있다.

아이의 뛰어난 모습을 보고 아이를 칭찬하고 격려하는 일은 누구나 할 수 있다. 그러나 진정한 부모는 아이가 실망스러운 모습을 보일 때도 "언젠가 너만의 능력을 발휘할 때가 올 거야"라는 믿음을 가지고 아이에 대한 기대를 버리지 않는다. 에디슨은 학교에서도 포기한 학습지진아였고, 그를 가르치던 선생님은 "산만한 돌머리"라고 그를 단정 지었다. 하지만 그의 어머니는 "우리 아이는 돌머리가 아니다. 누구보다도 뛰어난 아이다."라는 믿음으로 에디슨을 가르쳤다. 이후 에디슨은 "어머니의 따뜻한 사랑과 나를 믿고 이끌어 주신 정성이 나를 이러한 발명가로 만들어 주었습니다."라고 회고했다.

"너는 할 수 있어."라는 부모의 믿음은 아이에게 자신을 긍정적으로 생각할 수 있게 도와준다. 그리하여 없던 재능도 생겨나게 할 수 있는 기적을 만들어 낸다. 지금은 비록 징그러운 허물을 덮고 있지만 그 속에 아름다운 날개가 감춰져 있음을 부모는 볼 수 있어야 한다. 그것은 믿음이 있을 때라야 가능하다. 아이의 능력과 가능성을 믿고 긍정적인 시선으로 아이를 바라본다면 그것이 씨앗이 되어 아이는 아름답고 훌륭한 꽃을 피워낼 것이다.

아이의 창의성을 죽이는 말들

"그건 말도 안 되는 소리야."
"엄마가 해줄게."
"쓸데없는 소리는 아예 하지도 마라."
"너는 몰라도 돼."
"그런 게 어디 있어?"
"바보 같은 질문 그만해라."
"나중에 크면 저절로 알게 돼."
"너는 무슨 말이 그렇게 많니?"
"시키는 대로 그냥 해."
"넌 여자애(남자애)가 왜 그러니?"
"정해진 규칙이야."
"넌 도대체 커서 뭐가 되려고 그러니?"
"지금 이런 것 할 때가 아니야."
"정답을 말해봐."
"당연한 질문은 하지 마."
"그런 엉뚱한 생각이 어디 있어?"
"거짓말 하지 마."

– 윤여홍, 《재능을 키워주는 교육법》

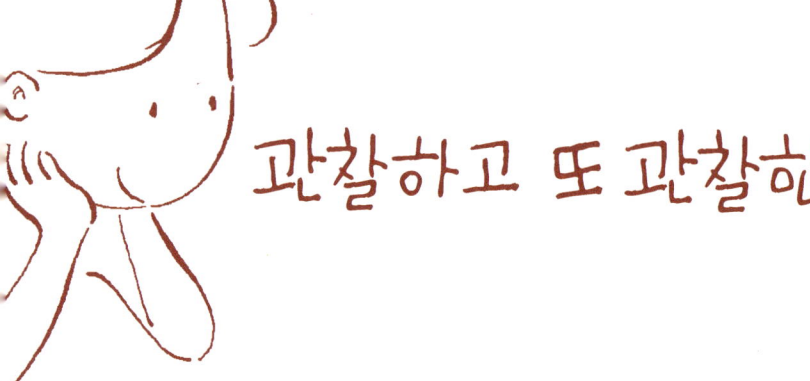

관찰하고 또 관찰한다

박물관에 가면 아이 못지않게 분주한 사람이 바로 엄마다. 엄마는 누구보다 더 똑똑한 안내원이 되어 아이에게 이것저것 설명하기에 바쁘다. 아이에게 많이 보여주고 많이 들려주는 것이 창의력을 키우는 방법이라 믿기 때문이다.

"이리 와. 이것도 봐야지."

한곳에 오래 머무르며 다른 곳을 둘러보지 않는 아이에게 엄마는 답답하다는 듯 다그친다. 그러고는 급기야 아이의 한손을 움켜잡고 자신이 보여주고 싶은 것 앞에 세운다.

"아니, 난 저거 보고 싶단 말이야."

"안 돼. 박물관에 왔으면 전시물을 다 보고 가야 하는 거야."

아이는 이내 체념한 듯 엄마의 뒤를 따른다.

"옳지, 천천히 하나하나 다 둘러봐야 돼."

아이는 더 이상 엄마의 손을 뿌리치지 않는다. 얌전히 전시물을 구경하는 아이를 바라보며 엄마는 그제야 흐뭇한 미소를 짓는다.

아이를 박물관에 데리고 가면 대부분 엄마가 앞장서서 아이의 손을 끌고 다닌다. 아마 하나라도 더 보여주려는 마음에서일 것이다. 하지만 많이 보여준다고 아이의 머릿속에 많은 것이 남는 것은 아니다. 따라서 얼마나 많은 것을 보여주었는지에 집착할 필요가 없다. 아이가 관심을 가지는 것을 충분히 보여주면 그날 관람은 성공적이라 보면 된다.

아이는 자신의 눈길을 끄는 전시물 앞에서 반짝반짝 눈이 빛난다. 하지만 자신의 관심을 끌지 못하는 것 앞에서는 시큰둥하다. 이와 같은 아이의 섬세한 변화를 읽은 엄마라면 절대 아이의 손을 잡아끌며 "다른 것도 봐야지."라는 말은 하지 않는다. 오히려 아이가 "이제 됐다!"고 할 때까지 충분히 시간을 두며 멀찍이 물러나 준다.

아이의 재능을 찾는 일도 이와 다르지 않다. 엄마는 몇 발자국 뒤에서 조용히 아이를 관찰해야 한다. 그래야 아이가 무엇에 흥미를 보이며, 무엇에 재능을 보이는지 객관적 시각으로 관찰할 수 있게 된다. 아이의 손에 억지로 크레파스를 쥐어주고, 피아노 건반을 만지게 해주기보다는 아이에게 시간과 자유를 충분하게 주어 스스로 재능을 이끌어 낼 수 있게 해야 한다.

서두르면 언제나 일을 그르친다

태어나 첫 생일, 즉 첫돌을 맞는 아이의 돌상 위에 실, 돈, 곡식, 연필, 책 등을 올려두고 아이에게 마음대로 골라잡게 하여 아이의 미래를 점치는 것을 돌잡이라고 한다. 그런데 언제부턴가 돌잡이는 아이의 의지와는 무관하게 부모의 욕심을 노골적으로 드러내는 의식이 되어 버렸다.

"이걸 잡아야지, 이걸."

현금, 카드, 골프채, 청진기, 야구 글러브, 심지어는 스케이트까지 올려놓고 부모는 그 앞에서 이걸 집어라, 저걸 집어라 호들갑을 떤다. "아프지 말고 그저 건강하게만 자라다오."라던 지난날의 바람이 무색할 정도로 부모의 욕심은 끝을 모른다.

"모든 아이는 천재로 태어난다. 만 명 가운데 9,999명의 아이들은 부주의한 어른들에 의해 순식간에 천재성을 박탈당한다."고 한 미래학자 풀러(Richard Buckminster Fuller)의 말처럼 안타깝게도 아이들은 대부분 천재성을 꽃피우기도 전에 '부주의한 어른들'에 의해 평범한 존재로 전락하고 만다. 아직 한글도 제대로 익히지 못한 서너 살밖에 안 된 아이를 너도나도 영어학원으로, 보습학원으로 내몰면서 벌써부터 수능 준비에 들어간 듯 야단스럽다. 혹은 갑자기 피겨스케이팅 바람이 불거나 골프 열풍이 일어나면 레슨을 받으러 허겁지겁 아이의 손을 잡고 몰려간다. 아이가 얼굴을 찌푸리고 고개를 도리도리 내저어도 소용없다. 그림 그리기를 좋아하는 아이에게 골프채를 쥐어주니 아이가 좋아할 리가 없는 것이다.

아이의 재능을 발견하고 이끌어 내려면 아이를 세밀하게 관찰해야 한다. 그런데 이때 한 가지 주의할 점은 부모는 항상 객관적 태도를 유지해야 한다는 것이다. 부모의 욕심과 의지가 개입된 관찰로는 아이의 재능을 정확하게 판단하기 어려워진다. 그 결과 음악적 재능을 가지고 태어난 아이가 부모에게 청진기를 둘러멘 삶을 강요받다 끝내 자신의 한계를 경험하고는 불행한 삶을 살아갈지도 모른다.

부모의 역할은 끊임없는 관찰과 관심으로 아이의 재능을 알아내고, 그것을 자극하도록 노력하는 것이지 아이의 재능을 디자인해주는 것이 아니다. 진정으로 아이를 위한다면 부모는 반 발짝만 뒤로 물러나자. 반 발짝은 아이가 도움을 필요로 할 땐 언제든 즉시 달려가 도움을 주기에 충분한 거리이면서, 아이의 자율성과 창의성을 지켜주며 객관성을 유지하기에도 충분한 거리이다.

부정적 판단은 보류하라

부모의 의지나 욕심이 개입된 판단 못지않게 위험한 것이 아이에 대한 부정적 판단이다. 아이는 스펀지 같아서 칭찬을 주면 칭찬받을 행동을 하고, 부정적 편견을 주면 부정적 편견대로 행동한다.

강남에 사는 경준(가명)이 엄마는 요즘 아이 생각만 하면 가슴이 답답해진다며 상담을 요청해 왔다.

"세상에 이렇게 못나고 멍청한 아이가 또 있나 싶어요."

엄마는 경준이가 4살이 되던 해부터 피아노, 미술, 태권도, 바둑 등 그야말로 안 시켜본 것 없이 다 시켜보았다고 한다. 그런데 초등학교 3학년에 접어드는 지금까지 이렇다하게 재능을 보이는 분야가 없다는 것이다.

"그동안 저를 위해 투자했던 돈이 얼만데. 정말 바보가 아니고서는 그 정도 시간과 그 정도의 돈을 투자했으면 뭐라도 하나 재주를 보여야 하는 것 아닌가요?"

엄마는 자신의 감정을 주체하지 못하며 흥분된 목소리로 말을 이었다.

"주위에서는 벌써부터 피아노에 재능을 보인다며 아이를 피아니스트로 키우겠다, 수학에 재능을 보인다며 교수로 키우겠다는 등 저마다 미래를 설계해 가는데, 경준이는 도대체 뭐가 되려는지……."

경준이 엄마는 친가와 외가를 통틀어 그렇게 멍청한 아이는 없을 거라며 경준이에 대한 불만을 늘어놓았다.

아이에게 바라는 것이 많고 기대치가 높은 사람들은 아이가 잘 따라주지 않으면 아이에 대해 부정적 평가를 서슴지 않는 경향이 있다. 필자는 다음번에 올 때는 경준이와 함께 와 달라고 부탁을 했다.

일주일 뒤, 엄마의 손에 이끌려 경준이가 필자를 찾아왔다. 그런데 예상과는 달리 경준이는 훨씬 더 밝고 활달한 아이였다. "안녕

하세요?"라며 인사를 건네는 모습도 어느 초등학생과 다르지 않게 씩씩해 보였다.

엄마와 잠시 얘기를 나눈 뒤, 엄마에게 잠시만 밖에 나가계시라고 양해를 구했다. 그리고는 경준이에게 가벼운 질문들을 해나갔다. 그런데 엄마의 부정적인 평가와는 달리 경준이는 필자의 질문에 대해 자신의 생각을 분명하게 표현했다. 필자는 좀 더 진지한 질문들을 던졌다.

"경준이는 자기 자신을 어떤 사람이라고 생각해?"

"저는 그림 그리기를 좋아하구요, 사교성도 좋아서 친구들과도 사이좋게 지내요. 가끔은 쉬는 시간에 만화를 그려서 친구들에게 보여주는데, 친구들이 제 만화를 보며 정말 재밌어 해요."

"그럼 경준이의 꿈은 만화가가 되는 거야?"

필자의 질문에 경준이는 머뭇거리며 대답을 하지 않았다. 그리고는 뒤를 힐끔 돌아보며 엄마가 없다는 것을 확인 한 후 그제야 입을 열었다.

"네. 저는 대학에서 미술을 전공해서 유학을 다녀 온 후, 세계에서 제일 재미있는 만화를 그리는 사람이 되고 싶어요. 하지만……."

놀랍게도 경준이는 스스로 자신의 재능을 발견했고, 게다가 분명한 목표까지 세우고 있는 똑똑한 아이였다. 그런데 경준의 이어지는 말에 필자는 놀라움을 금치 못했다. 경준이의 엄마와 아빠는 경준이가 만화를 그리면 아이가 보는 앞에서 공책을 찢으며 "이런 쓰레기 같은 것을 그리느라고 공부도 안 하고, 피아노도 안 치고, 바둑도 안 하냐!"며 소리를 지른다는 것이다. 그리고는 "어떻게 저렇게 멍청한 것이 태어났는지 모르겠다."며 화를 내다, 급기야는 부부싸움으로까지 이어진다고 했다.

"선생님, 제가 정말 멍청하고 쓸모없는 아이일까요?"

경준이의 마지막 한마디가 필자의 가슴을 아프게 했다. 자신들의 기대치에, 세상의 통속적인 잣대에 아이를 맞추려다보면 아이의 진짜 재능은 보이지 않는 법이다. 게다가 "멍청한", "쓸모없는" 등의 부정적 평가로 아이를 단정지어버리면 아이는 있던 재능도 사라지고, 의욕이 꺾일 수밖에 없다.

청소년 시절 절도죄로 소년원에 들어간 이후, 거듭된 범죄행위로 무기징역을 선고받은 S씨는 "초등학교 때 선생님이 '너는 착한 놈이다' 하고 머리만 한 번 쓰다듬어 주었으면 여기까지 안 왔을 거다. 5학년 때 선생님이 '새끼야, 돈 안 가져왔는데 뭐 하러 학교 와. 꺼져'하고 소리쳤는데 그때부터 마음속에 악마가 생겼다."라며 지난날을 회고했다.

아이들은 우리가 생각하는 것보다 훨씬 여리다. "이 바보야!"라는 친구의 말 한마디에도 "나 바보 아니야!"라고 강하게 맞받아칠 만큼 상처를 받는다. 지금 당장 '될 성싶은 떡잎'으로 보이지 않는다고 하여, '쭉정이'나 '잡초'로 아이를 단정 짓지 마라. 베이징 올림픽을 통해 수영 황제로 등극한 펠프스도 어린 시절에는 '주의력 결핍 과잉행동장애(ADHD)'라는 진단을 받았다. 무릎까지 내려

오는 긴 팔에다 다리는 짧고 귀는 유난히 큰 이상한 모습에 물까지 무서워하는 아이였지만 그는 지금 세계적인 수영 천재로 인정받고 있다.

"자라면서 열두 번도 더 변하는 것이 아이"라고 했다. 인생은 아무도 모르는 것이다. 지금 내가 본 아이의 모습이 10년 후에도 같을 수는 없지 않은가. 이제 겨우 인생의 일부를 지나왔을 뿐이다. 아이의 작은 것에 너무 집착해서 기뻐하거나 슬퍼하지 말고 인내심을 갖고 지켜보아야 한다.

모든 아이는 자신이 흥미를 갖고 몰입할 수 있는 분야가 반드시 있다. 하지만 이러한 재능은 그것을 보일 수 있는 상황이 주어졌을 때만 발휘된다. 예컨대 수학이나 과학 분야에 우수한 재능이 있는 아이는 율동과 노래 위주의 유치원 수업에는 적응하지 못하지만 수학 공부를 할 때만은 누구보다도 눈을 반짝이며 탁월한 능력을 보인다. 따라서 아이가 하기 싫어 하고, 어려워하고, 흥미를 보이지 않는다고 실망하기보다는 아이가 무엇을 원하고, 어떤 것에 재능이 있는지 세심하고 지속적으로 관찰해야 한다.

아이의 천재성을 키우는 16가지 지혜

1. '정말 잘했어'라는 칭찬은 하지 말아라
2. 실패를 경험하게 하라
3. 화내는 법을 가르쳐라
4. 건강한 자신감을 키워줘라
5. 형제자매, 다르게 키워라
6. 아이의 이야기에 고개를 끄덕여줘라
7. 올바른 윤리의식을 세워줘라
8. 가족회의를 통해 의견을 나눠라
9. 겸손한 아이로 키워라
10. 인간만이 누릴 수 있는 기쁨을 맛보게 하라
11. 내면이 강한 아이로 키워라
12. 사춘기는 반항기라는 선입견을 버려라
13. 아이의 결정을 격려하라
14. 꼬리에 꼬리를 무는 질문을 반복하라
15. 상상력의 날개를 달아줘라
16. 예술 교육으로 세상 보는 눈을 넓혀줘라

– 진경혜, 《아이의 천재성을 키우는 엄마의 힘》

아이의 행동에 담긴 메시지를 읽는다

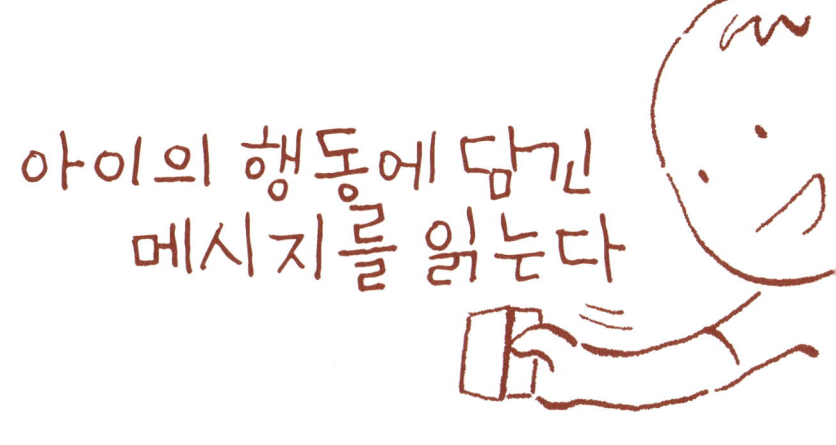

"틴은 두 주째 저 밑에 있네요. 비정상적인 일이에요. 설마 정상적이라고 말하는 사람은 없겠죠."

머피 아주머니가 말했다. 아주머니는 자식이 없었지만 아이에 대해 많이 알고 있었다.

"틴이 거기에 있는 걸 편안해한다면 그냥 놔둬야 해요."

틴의 아버지가 이렇게 말했다.

"틴은 자기를 내버려 두는 걸 바라지 않을걸요. 저 아이는 관심을 받고 싶어서 애가 타는 거예요."

소냐 하트넷의 《목요일의 아이》에 나오는 틴은 네 살 때부터 땅을 파는 재주를 보였다. 며칠을 컴컴한 땅속에서 웅크리고 지내기도 하고, 또 어느 날은 더 깊이 더 멀리 땅을 파들어 가기도 했다. 틴의 이런 이상한 행동은 동생이 태어나면서부터 시작됐다. 틴의 부모는 틴이 땅을 파고 그 속에서 지내도록 내버려 둔다. 처음에는 아이가 좋아하는 일이니 그냥 내버려 둔 것이다. 하지만 시간이 지날수록 틴은 가족들의 관심 밖으로 밀려난다. 가난한 살림에 자식이 다섯이나 되니 부모가 틴에게 마음 쓸 여력이 없었던 것이다. 마침내 틴은 가족들에게서 영원히 멀어지는 삶을 살게 된다.

만약 틴의 부모가 틴이 처음으로 땅을 파기 시작하던 날, 틴이 실제로 전하려 했던 메시지를 읽으려고 노력했더라면 어땠을까. 어쩌면 틴은 새로 태어난 동생에게 쏠린 가족들의 관심을 자신에게 옮겨 오고 싶었을지도 모른다. 틴이 땅을 파고 그 속에 숨은 이유는 가족들이 자신을 찾아주기를 원하는 마음의 표출이었을 수도 있다. 틴의 부모가 조금만 더 틴을 이해하고 감싸 주었더라면 틴이 가족들과 영원히 멀어지는 일은 없었을지도 모른다.

사랑하기 이전에 이해하라

부모와의 관계가 돈독한 아이가 문제를 일으키는 경우는 드물다. 어쩌다 아이가 유치원에서 욕설을 배워 와도 부모와의 관계가 돈독한 아이는 한두 번의 가르침에도 금세 말귀를 알아듣고 행동을 고친다. 부모를 마음속 깊이 신뢰하는 만큼 아이는 부모의 말도 잘 따르는 것이다. 하지만 부모에 대한 신뢰가 부족하거나 부모에 대한 애정에 확신이 없을 때 아이들은 더욱더 강하게 저항한다. 따라서 아이와의 애정과 신뢰에 대한 회복 없이 막무가내로 아이를 윽박지른다면 돌이킬 수 없는 결과를 초래할 수 있다. 창의적인 아이로, 올바른 인성을 가진 아이로 자라기를 원한다면 애정과 신뢰를 더 돈독하게 쌓는 일에 힘써야 한다.

애정과 신뢰를 쌓아가는 가장 기본은 아이를 하나의 독자적인 인격체로 인정하는 데 있다. 아이는 부모의 사소한 행동만으로도 자신이 인정받고 있다, 혹은 무시당하고 있다를 구분할 만큼 예민하고 똑똑하다. 대화를 할 때도 아이와 두 눈을 마주보면서 다정한 목소리로 이야기해야 한다. 아이들은 엄마의 표정과 목소리로 엄마의 감정을 확인하며, 자신이 얼마나 사랑받고 있는지, 존중받고 있는지를 느끼기 때문이다. 부모의 성의 없는 태도는 자칫 아이에게 자신이 사랑받지 못한다고 느끼게 하기 쉽다.

아이의 표현이 서툴더라도 끝까지 들어주는 자세도 중요하다. 간혹 엄마들 중에는 아이의 느릿하고 어눌한 말투에 "아, 그러니까 말이지."라며 아이의 말을 정리하려고 든다. 아이들은 집중력이 낮기 때문에 자신이 이야기하는 도중 다른 사람이 끼어들면 하려던 이야기도 잊어버리기 일쑤이다. 아이의 이야기를 참을성 있게 들어주면 언어발달 및 인성에도 도움이 될 뿐만 아니라 창의성을 길러주는 데도 큰 효과가 있다.

따뜻한 햇살이 강한 바람을 이긴다

이솝우화를 보면 해님과 바람이 나그네의 외투를 벗기는 내기를 한다. 바람은 당연히 자신의 승리를 확신한다. 강한 바람으로 나그네의 외투를 날려 보낼 생각이다. 하지만 나그네는 바람이 세면 셀수록 더욱더 꽉 외투를 부여잡는다. 한편 해님은 따뜻한 햇살을 뿌리며 나그네를 감싼다. 나그네는 얼마 가지 않아 스스로 자신의 외투를 벗는다. 바람이 강압적으로 나그네의 외투를 벗기려 하던 것과는 반대로 해님은 나그네 스스로 외투를 벗도록 유도한 것이다.

"혼을 내거나 회초리를 들지 않으면 말을 안 들어요."

아이를 키우는 부모들이 흔히 저지르는 실수 중 하나가 바람처럼 강압적으로 아이를 이기려 한다는 것이다. 하지만 아이의 창의성을 키우기를 바라고, 나아가 아이가 올바로 성장하기를 바란다면 절대 아이와 힘겨루기를 해서는 안 된다. 힘으로 아이를 윽박지르면 아이의 자주성과 도전정신을 떨어뜨리고 이는 결국 창의적 사고를 가로막는 주범이 된다. 뭔가 기발하고 새로운 것이 생각나도 엄마에게 혼나지 않을까 하는 염려 때문에 그저 눈에 띄지 않게 생각하고 행동하게 되는 것이다.

초등학교 6학년인 수형(가명)이는 어릴 때부터 유난히 고집이 셌다. 밑으로 여동생이 둘이나 되지만 어떨 때 보면 동생들보다 더 어린 애처럼 굴었다. 참다못한 엄마와 아빠는 수형이의 강한 기를 꺾어야 한다는 각오로 아이보다 더 크게 소리를 지르고 혼을 내기 시작했다. 특히 엄마는 "아이가 고집을 부릴 때는 현관문 밖으로 내쫓는 것이 효과가 크다"는 친구의 말을 들은 이후로는 걸핏하면 수형이를 현관 밖으로 내쫓았다.

초등학교 2학년이 된 어느 날, 수형이는 돌연 가출을 했다. 이틀이 지나서야 집으로 돌아온 수형이는 할인마트 시식코너에서 먹는 것을 해결하고, 아파트 벤치에서 잠을 잤다고 했다. 아이를 찾은 안도감이 사라질 즈음 엄마는 다시 불같이 화를 내기 시작했다. 그 날 이후 수형이는 걸핏하면 가출을 했다. 물론 하루나 이틀이 지나면 다시 집으로 돌아오기는 했지만 이런 수형이의 행동은 결코 정상적이지 않아 보였다.

4학년이 되던 해, 담임선생님의 권유로 엄마는 수형이와 함께 상담을 받기위해 병원을 찾았다.

"엄마는 내가 집을 나가기를 바라잖아요."

수형이의 원망 섞인 말에 엄마는 어안이 벙벙해졌다. 그리고는 자신이 수형이를 혼낼 때마다 "내 눈 앞에서 사라져 버려!", "내가 널 안보면 속이 시원하겠다!", "어서 나가!"라고 소리쳤던 것들을 떠올렸다. 수형이는 엄마가 화가 나서 소리치는 말들에서 "엄마는 내가 집을 나가기를 바라는구나. 엄마는 내가 엄마의 눈앞에서 사라지기를 바라는구나."라는 생각을 했던 것이다.

엄마는 의사 선생님과의 상담을 통해 자신의 강압적인 양육태도에 문제가 있었음을 깨달았다. 엄마는 자신이 달라지지 않으면 아이에게 더 큰 불행을 주겠다는 생각에 수형이와의 대화를 시도했다.

"수형아 공부하는 거 싫으면 학원 안다녀도 돼."

엄마가 부드러운 목소리로 말하자 수형이는 학원을 다니는 게 싫다고 말했다.

"그럼 뭐가 하고 싶어?"

"축구요!"

엄마의 질문이 떨어지기 무섭게 수형이는 평소 마음속에 품어두었던 자신의 꿈을 말했다.

"체육시간에 축구를 하면 제가 제일 잘해요."

축구에 관한 이야기를 하는 수형이의 얼굴엔 언제 그랬냐는 듯 천진한 아이의 미소가 번졌다.

이후 수형이는 학교 축구부에 선발됐고, 6학년이 된 지금은 축구부 주장으로 활약하고 있다.

"몸이 빠르고 순간적인 판단력이 좋으며, 팀원들을 이끄는 리더십도 뛰어난 것 같아요."

축구부 선생님의 말이다. 선생님은 수형이가 좋아하고 재능이 있는 쪽으로 키워주라고 권했다.

수업을 마치면 매일 하루에 3시간 씩 축구를 하고 집으로 돌아오는 수형이는 이제 동생들에게도 좋은 오빠가 되었다. 스스로 공부하는 습관도 붙어서 성적도 중위권으로 진입했다.

"수형이가 반항을 하면 수형이를 윽박지를 생각만 했지, 왜 그런 행동을 하는지에 관심을 두지 못했어요. 아이는 자신이 좋아하는 축구를 하고 싶은데 엄마는 계속 영어니 수학이니 학원으로 내몰았으니."

필자와의 이야기를 마치고 돌아서며, 엄마는 조금 더 일찍 수형이의 재능을 찾으려는 노력을 했더라면 아이가 오랜 시간 힘들어하지 않아도 됐을 거라며 후회의 눈물을 보였다.

힘으로 아이를 윽박지르는 것은 아이의 반항심을 키울 뿐만 아니라, 자주성과 도전정신을 떨어뜨려 창의적 사고를 가로막는 주범이 된다. 부모의 마음을 아프게 하기 위해 수형이처럼 가출 등으로 자기 스스로를 학대하는 방법을 택할 수도 있다. 또한 자신이 좋아하는 분야에 대해 뭔가 기발하고 새로운 것이 생각나도 엄마에게 혼나지 않을까하는 염려 때문에 그저 눈에 띄지 않게 생각하고 행동하게 되는 것이다.

"미운 네 살이라더니 요즘 들어 왜 그렇게 말을 안 듣는지 모르겠어요. 갑자기 고집도 세지고, 떼도 늘고, 거짓말까지 해요. 아주 저를 팔짝 뛰게 만든다니까요." 네 살 된 아이를 둔 한 엄마의 이야기이다.

흔히 '미운 네 살, 죽이고 싶은 일곱 살'이라고 한다. 이 시기의 아이들은 말귀를 잘 알아듣는 것처럼 보이다가도 불현듯 시키는 것과는 다르게 행동하거나 반대로 행동해 엄마 아빠를 당혹스럽게 한다. 더군다나 사람 많은 곳에서 엄마 아빠를 망신이라도 주려는 것처럼 무조건 떼를 써대면 그야말로 "아이고!" 소리가 절로 나온다.

발달심리 전문가인 조혜수 박사는 "어른들이 4~7세 아이들을 '미운 네 살, 죽이고 싶은 일곱 살'이라고 부르는 이유는 아이의 마음을 이해하지 못하는 데서 비롯된다."고 지적한다. 아이들의 모든 행동에는 이유가 있고 전달하려는 메시지가 있다. 4세 전후의 아이들은 자기 의지가 분명해져 자신이 행동의 주인공이 되고 싶어 한다. 그래서 서투른 숟가락질로 밥을 먹으려 하고 시간이 오래 걸리더라도 스스로 신발을 신으려 한다. 이 때 부모들은 대부분 그 이유를 읽으려는 노력보다는, 그저 말썽부린다고 생각해 당장 화부터 낸다. 이처럼 부모가 화를 내면 아이는 죄책감을 느끼고 눈치를 보게 된다. 그 결과 스스로 하려는 의지를 잃게 된다. 아이를 적극적인 사람으로 키우고자 한다면 아이가 문제가 되는 행동을 할 때 '왜 그런지'를 먼저 생각해야 한다. 아이도 어른처럼 고민이 있고, 불만이 있고, 외로울 때도 있다. 다만 그것을 표현하는 방법이 익숙지 않아 겉으로 보기에는 그저 떼를 쓰는 것처럼 보일 뿐이다. 아이의 편에 서서 아이의 생각과 행동을 존중해 주다 보면 저절로 아이를 이해하게 된다.

나는 내 아이를 충분히 사랑하고 있는가를 다른 말로 바꾸면 나는 내 아이를 충분히 이해하고 있는가로 표현할 수 있다. 아이는 단순히 배가 아프다며 울 뿐이다. 하지만 엄마는 이런저런 질문으로 아이의 몸 상태를 체크하며 소화가 안 되어 위가 아픈지, 설사 기운이 있는지, 변비 기운이 있는지 알아내야 한다. 부모가 아이의 욕구를 이해하고 북돋워줄 때 아이는 자신감과 의욕을 갖고 적극적인 사람으로 성장할 것이다.

 아이와의 갈등을 해소하는 이리스 전략

1 | Innehalten(멈춤) : 실망감이나 짜증이 솟구치는 것 같으면 마음속으로 "멈춰!"라고 말하자. '잔소리를 늘어놓지 않겠다, 겁을 주지 않겠다'고 다짐하는 것도 좋다.

2 | Respektieren(존중) : 아이가 왜 저렇게 행동하는지 이해하려고 노력하자. 행동의 동기나 원인을 파악하는 데 긴 시간을 들여 집중적으로 연구할 필요까지는 없다. 아이가 부모를 약 올리려고 하는 게 아니라는 정도는 당신도 이미 알고 있을 것이다. 아이는 부모의 마음속에 자신이 설 자리가 없을까봐 두려워하고 있다. 아이는 소속감을 느끼고 참여하고 싶어 한다.

3 | Ignorieren(무시) : 아이가 계속 그런 식으로 귀찮게 굴지 않기를 바란다면, 아이에게 휘둘리지 말자. 일이 바쁘다면 계속해도 좋다. 억지 관심은 아이들도 눈치 챈다. 그러나 무작정 무시하기만 한다면, 아이는 낙담한 채 물러나거나, 점점 더 격렬한 반응을 보일 것이다. 두 가지 모두 바라는 바가 아니다. 그러므로 잠깐 사이를 두고 순간적인 짜증이나 화를 진정시켰다면, 즉각적인 행동에 나서자.

4 | Selbst handeln(직접 행동) : 아이는 주목 받고 싶어 하고, 부모가 자기를 좋아한다는 확신을 필요로 한다. 단기적으로 봤을 때, 바로 지금이 아이에게 사랑한다는 확신을 줄 좋은 기회이다. 거창한 반응이 아니더라도, 아이를 사랑스럽게 쓰다듬거나, 미소를 지어 주는 것으로 충분할 때도 많다. 말이 없이도 아이에게 부모의 사랑을 느끼게 해줄 수 있는 방법은 여러 가지가 있다. 장기적으로는, 일상생활에서 의도적으로 '보석 같은 순간'을 자주 마련하도록 하자. 아이가 여러 명일 때는, 형제자매에 비해 유독 자신이 사랑받지 못한다고 생각하는 아이와 따로 특별한 시간을 가지는 것도 괜찮다.

- 크리스토프 호르스트 외, 《미운 4살부터 막무가내 8살까지》

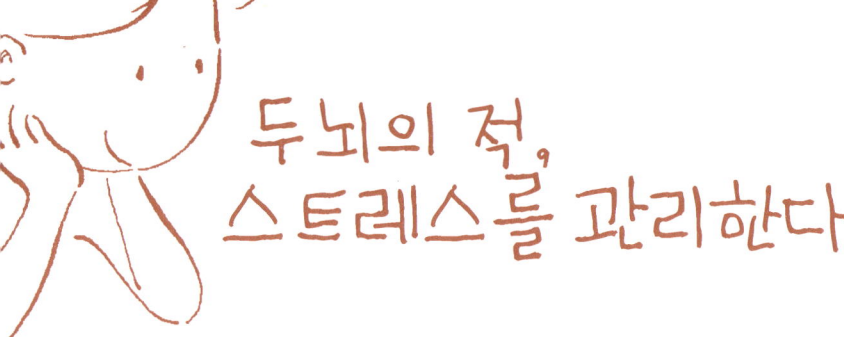
두뇌의 적, 스트레스를 관리한다

올해 7세인 수민이는 5세 무렵부터 혼잣말을 하는 버릇이 생겼다. 또래들처럼 인형을 가지고 역할극을 한다거나 엄마놀이를 하는 것이 아니라, 밥을 먹다가도, 길을 걷다가도 눈을 감고 중얼거리며 혼잣말을 한다. 가끔은 자신의 손가락을 응시하면서 무언가 중얼거리기도 한다.

이것보다 더 심각한 것은 강박증을 보인다는 것이다. 손에 뭔가가 묻으면 당장 씻어야 하고, 무엇이든 먹으면 반드시 마지막으로 물을 먹어야 한다. 신발이나 학용품, 장난감도 늘 가지런히 정리되어 있어야 한다. 외출을 앞두고는 몇 번이고 화장실을 들락거리며, 어떤 일을 허락받을 때도 수차례 반복해서 질문하고 확인을 받는다.

아이가 이상 증세를 보이는 데는 다 그만한 이유가 있다. 수민이는 네 살 때 억지로 어린이집에 간 경험이 있다. 맞벌이를 해야 하는 엄마는 울며 매달리는 수민이를 강제로 떼어 놓았고, 수민이는 달라진 환경에서 오는 스트레스로 이상한 행동을 보였다. 좀처럼 대소변 실수를 하지 않던 아이가 어린이집에서 실수를 하게 되고, 그 일로 스스로 수치심을 느꼈던지 강박증 증세를 보이며, 이후로는 뭐든 완벽하게 하려고 했다.

게다가 평소 엄마는 가난한 가정형편에 대한 불안감을 수민이에게 자주 노출했으며, 직장생활과 살림을 병행하려다보니 수민이에게 강압적인 양육태도를 보였다. 한창 엄마의 사랑이 필요한 어린 나이에 수민이는 갑작스러운 환경변화와 엄마의 양육태도에 스트레스를 받고 이상 증세를 보이게 된 것이다.

어른보다 더 심각한 어린이 스트레스

아이는 어른과는 달리 본능에 충실하다. 뛰어 노는 것, 먹는 것, 자는 것, 하물며 학습에 이르기까지 자신이 하고 싶을 것은 무슨 일이 있어도 해야만 직성이 풀린다. 어른과는 달리 타협은 없다. 하고 싶은데도 하지 못하고, 하기 싫은데도 억지로 하게 되면 이것이 바로 스트레스가 되고 병이 된다.

나이도 어린 게 무슨 스트레스냐고 하겠지만, 일상에서 어린아이가 받는 스트레스는 부모가 상상하는 것 이상이다. 실제로 2006년, 보건복지부가 전국 94개교 초등학생 7700명에게 실시한 정신건강 선별검사에서는 무려 25.8퍼센트가 정서 또는 행동에 문제가 있는 것으로 나타났다. 실컷 뛰어 놀아야 하는 어린 나이에 부모의 욕심을 채워주기 위해 온갖 학원을 전전하다보니 아이들이 속으로 병이 난 것이다.

유아도 이와 많이 다르지 않다. 한 영어 유치원의 경우를 보면 부모의 손에 이끌려 유치원을 찾았던 아이들의 절반 정도가 영어 환경에 적응하지 못하고 원형탈모증, 대인기피증 등의 이상 증세를 보였다고 한다. 아직 인성과 사회성이 제대로 형성되지 않은 아이가 '과잉 조기영어 교육'에 노출되어 부작용을 일으킨 것이다.

이외에도 아이들이 받는 스트레스는 부모에 대한 욕구불만에서 오는 스트레스, 형제자매와 겪는 스트레스, 환경에서 오는 스트레스 등 그 원인이 다양하다. 물론 어른들도 직장에서든 가정에서든 다양한 이유로 그 이상의 스트레스를 받는다. 하지만 어른들은 친구를 만나 수다를 떤다거나, 커피를 마신다거나, 술을 마시며 스트레스를 조절하려고 나름대로 노력을 한다. 하지만 아이들은 자신의 스트레스를 잘 인식하지도 못할뿐더러 그것을 말로 잘 설명하지도 못한다. 그리고 적절한 방법으로 해소하지도 못하는 탓에 그 해악성은 어른들보다 훨씬 크다고 할 수 있다.

스트레스는 어떤 자극에 대한 교감신경의 긴장상태를 말한다. 이때 어떤 자극이란 우리 주위에 존재하는 모든 것이 될 수 있다.

이러한 긴장상태가 반복적으로 지속되면 신체에 여러 가지 부작용을 일으키게 된다. 갑작스럽게 스트레스 상태가 되면 우리 몸은 그것에 대처하기 위해 코티솔(Cortisol)이란 물질을 만들어 내어 힘과 에너지를 보충한다. 그런데 이런 증세가 잦아지면 맥박과 혈압이 증가하고, 호흡이 빨라지며, 결국엔 몸을 손상시키는 역기능을 초래한다. 즉, 스트레스를 잘 관리해 주지 않고 내버려두면 멀쩡한 내 아이를 잡을 수도 있다는 말이다.

서울대 의대 소아정신과 신민섭 교수는 "신체의 건강도 중요하지만 아이들의 정신건강에도 관심을 기울이라."고 지적한다. 하지만 요즘 부모들은 철마다 보약을 해대며 아이들의 신체건강은 과도할 정도로 챙기는 데 비해 아이들의 정신건강에 대해서는 상대적으로 무관심하다. "두뇌 구조의 80퍼센트가 형성되는 영·유아기에 스트레스가 누적될 경우 성인이 되어서도 정상적인 사회활동과 안정적인 정서생활이 불가능하다."고 전문가들은 경고한다. 결국 가능한 한 내 아이의 스트레스를 줄여주고 그 스트레스를 풀 수 있게 해주는 것이 부모의 숙제인 셈이다.

스트레스를 잘 해결해야 창의력도 발휘된다

스트레스가 많은 아이들은 학습능력도 떨어진다. 머릿속이 불만으로 가득 차 몸과 마음이 초긴장 상태인데 공부가 머리에 들어

오지 않는 것은 어찌 보면 당연한 일이다. 게다가 자유로운 상상력을 전제로 하는 창의력은 불편한 마음상태 때문에 더욱 위축될 수밖에 없다.

스트레스에 노출된 아이들 중에는 외적으로 그 증세를 나타내기도 한다. 이유 없이 불안해하고 초조해한다거나, 복통, 두통, 식욕부진 등을 호소하기도 하고, 더 심하면 비만, 우울증, 정신장애, 강박증, 수면장애, 원형 탈모증으로 발전한다.

그런데 이러한 외적 증상이 나타나는 것은 그나마 다행이라 할 수 있다. 초기에 치료할 수 있는 가능성이라도 있기 때문이다. 더 걱정해야 할 것은 겉으로 드러나는 외적 증세 없이 부작용이 진행되는 경우이다. 강한 스트레스로 각종 호르몬이 불균형하게 분비되면 여러 신체기관들에 이상을 일으키게 되는데 그러한 부작용을 알아차렸을 때는 이미 손쓸 수 없는 단계일 가능성이 높다. 그중에서 가장 심각한 문제가 바로 뇌의 손상이다. 뇌는 전체 혈류량의 30퍼센트 이상을 차지할 정도로 많은 양의 맑고 신선한 피가 필요한데, 스트레스로 혈액 순환이 둔화되면서 뇌에 충분한 혈액 공급이 안되어 치명적인 악영향을 미치게 된다.

미국 로절린드 프랭클린 의과 대학의 대니얼 피터슨 박사는 스트레스가 심하면 기억, 학습, 감정을 관장하는 뇌 부위인 해마에서 새로 형성되는 신경세포 중 상당수가 죽는다는 것을 밝혀냈다.

부모가 욕심을 버리면 아이의 재능이 자란다

몇 년 전, 아이의 갑작스런 변화에 놀라하며 필자에게 상담을 요청해온 분이 있다. 은성(가명)이는 5살에 동화책을 술술 읽을 정도로 한글을 일찍 깨우쳤고, 덧셈 뺄셈도 곧잘 할 정도로 똑똑함을 보였다고 한다. 은성이의 부모는 전문기관에 은성이를 데려가서 아이큐 테스트를 해보았더니 145라는 놀라운 결과를 얻게 되었다. 그 때부터 은성이는 엄마의 손에 이끌려 하루에 5개의 학원을 소화해내야했다.

대학원까지 나와 전문직에 종사하는 은성이 아빠와는 달리 은성이 엄마는 고등학교 졸업이 전부다. 그래서인지 결혼 당시 시댁에서의 반대가 이만저만이 아니었다고 한다. 특히 나중에 태어날 2세가 머리가 나쁘면 어떡할 거냐는 둥 노골적으로 자신의 학벌을 비아냥거릴 정도였다. 그때마다 은성이 엄마는 "그래, 두고 보자. 보란 듯이 똑똑한 아이 낳아 박사까지 만들 테니까!" 라며 이를 악물었다고 한다.

"우리 은성이 학교가면 꼭 1등 해야 해. 알겠지?"

다행히 은성이는 엄마의 바람대로 어릴 때부터 다양한 면에서 특출함을 보여주었고, 구겨졌던 엄마의 자존심을 회복시켜주었다.

엄마는 은성이가 7살이 되면서부터는 주말에 야외 나들이 가는 시간도 아깝게 여겨졌다. 당장 초등학교에 들어가면 시험점수로 눈에 드러나는 결과들이 나타날 텐데 조금이라도 더 가르치고 입학시

커야겠다는 생각이 강했던 것이다.

은성이가 달라진 것은 이때부터다. 무리한 학원스케줄에도 잘 따라주었던 은성이었지만 주말마저 영어 단어를 외우고 테입을 들으며 보내야 한다는 게 참을 수 없는 스트레스로 작용한 것 같았다. 학원에서는 발표는 물론이고 필기조차도 잘 하지 않았고, 문제도 성의 없이 푸는 등 무기력한 모습을 보였다. 식욕도 눈에 띄게 줄어들었고, 가끔은 자면서 짜증을 부리는 등 잠꼬대를 한다고 했다.

엄마는 은성이의 갑작스런 변화도 걱정이지만 초등학교에 입학해서 지금과 같은 모습을 보인다면 도대체 어떻게 해야 하냐며 속상해 했다. 엄마가 필자와 이야기를 나누는 동안 은성이는 연신 머리카락을 만지며 무기력한 모습을 보였다.

필자는 은성이 앞으로 슬며시 종이와 색연필을 밀어주었다. 아이들은 대부분 그림을 그리거나 낙서를 하는 것을 좋아한다. 하지만 당시는 은성이에게 "그림을 그려볼래?"라는 말조차도 스트레스로 작용할 수 있는 상태였기 때문에 은성이가 눈치 채지 못하도록 말 그대로 '슬며시' 밀어 둔 것이다. 그리고는 엄마에게 이런 저런 조언을 하기 시작했다.

"은성이는 지금 7살이라는 나이가 감당할 수 없을 만큼의 학습스트레스에 시달리고 있는 것 같아요. 제 아무리 지능지수가 뛰어나고 창의적인 아이라 하더라도 스트레스에 시달리게 되면 제가 가진 능력을 제대로 발휘하기가 어렵습니다. 지금 은성이에게 필요한 것은 마음을 달랠 수 있는 휴식입니다."

엄마와의 상담이 끝나갈 즈음 은성이는 그림 하나를 완성했다. 알록달록한 꽃이 만발한 들판에서 자유롭게 뛰어노는 아이들을 그린 그림이었다. 그런데 그림의 한구석에는 시커먼 물체가 몸을 동그랗게 말고는 웅크리고 있었다. 그것을 그릴 때 은성이는 손에 힘을 준 듯 색연필이 부러진 흔적이 나있었다.

"이건 바윈가 봐?"

필자는 시커먼 그것을 가리키며 넌지시 은성이에게 물었다.

"아뇨. 뛰어놀고 싶은데 놀지 못하는 은성이에요."

안타까운 마음이 들었지만, 한편으론 조금만 노력하면 은성이가 다시 예전의 밝고 똑똑한 아이로 돌아올 수 있다는 희망도 보였다. 은성이는 적어도 자신이 힘든 이유가 무엇 때문인지 정확히 알고 있었으니 말이다.

다행히 은성이의 엄마 아빠는 필자의 조언에 따라 아이에게 충분한 양질의 휴식을 제공해 주었다. 은성이가 그린 그림처럼 또래의 친구들과 마음껏 뛰어 놀게도 해주고, 예전처럼 주말을 이용해 가족이 함께 야외 나들이도 갔다.

이제 초등학교 3학년인 은성이는 학교에서도 학원에서도 밝고 적극적인 생활을 한다. 이런 변화는 충분한 휴식 덕분이기도 하지만 엄마의 양육 태도 변화가 무엇보다도 크게 작용했다. 이제 엄마는 은성이에 관련된 것의 대부분을 은성이와 의논해서 결정한다. 무엇을 배우고 싶은지, 어느 학원을 다닐 것인지, 주말에 어디로 여행을 갈 것인지까지 은성이의 의견을 묻고 존중해준다.

은성이 경우처럼 우리 아이들의 대부분이 크고 작은 학습스트레스에 시달리고 있다. 그런데 좀 더 정확히 이야기하자면 아이들은 학습 그 자체에 대한 스트레스 보다는 학습을 강요하는 부모의 태도, 지나친 기대, 결과 위주의 평가 등에 대해 스트레스를 느끼는 것이다.

먹는 즐거움, 보는 즐거움 못지않은 것이 배우는 즐거움이라고 했다. 그런데 배우는 것이 즐겁기 위해서는 무엇보다도 학습에 대한 본인의 의지가 중요하다. 따라서 학습에 있어서도 반드시 아이의 의견을 묻고 존중해 줄 필요가 있다.

학습스트레스를 날려 보내는 비결

아직 뇌가 충분히 발달하지 않은 어린 아이에게 특정 과목을 과도하게 학습시키는 조기교육은 위험하기 짝이 없다. 한국 아이들이 받는 스트레스 중 으뜸은 학습스트레스라고 해도 과언이 아니다. 더군다나 아직 뇌가 충분히 발달하지 않은 어린아이에게 특정 과목을 과도하게 학습시키는 조기교육은 아이에게 심한 학습스트레스를 유발하게 하고, 그로써 학습은 고사하고 오히려 뇌 회로가 망가져 학습 장애나 언어 장애를 일으키는 문제가 발생한다. 결국 똑똑한 아이로 키우겠다는 부모의 열정이 지나쳐 오히려 아이의 뇌 회로를 엉망으로 만드는 불행한 사태가 벌어지는 것이다.

학습스트레스가 지나치면 아이는 평생 공부를 싫어하게 될 수도 있다. 따라서 학습스트레스를 비롯한 각종 스트레스를 날려 보내려면 아이 나름대로 스트레스를 풀 수 있는 기회를 만들어 주어야 한다. 그중에서 신선한 공기를 뇌에 공급해 주는 야외놀이는 스트레스 해소는 물론 아이의 건강한 성장에도 도움이 된다. 답답한 방에 갇혀 얼굴이 잔뜩 찌푸려 있다가도 놀이터에서 실컷 뛰어 놀다보면 언제 그랬냐는 듯 아이의 얼굴은 다시 해맑아진다. 이러한 신선한 삶의 자극은 아이를 좀 더 적극적이고 긍정적인 태도로 바꾸어주며, 나아가 똑똑하고 재능이 뛰어난 창의적인 인재로까지 성장시킬 수 있다.

다음은 아이의 스트레스를 줄이고, 해소시켜 줄 수 있는 몇 가지 지침들이다.

일관된 양육 태도를 보이자

부모의 양육 방식에 일관성이 없을 때 아이는 스트레스를 받는다. 똑같은 사건을 두고도 엄마는 이렇게, 아빠는 저렇게 반응하면 아이는 혼란을 느끼게 되고, 이것이 스트레스로 작용하게 된다. 더욱 심각한 것은 한 사람이 각각 다른 반응을 나타낼 때이다. 즉, 같은 사건을 두고 엄마가 자기 기분이 좋을 때는 혼내지 않고 넘어가다가, 기분이 나쁠 때는 엄청나게 화를 내는 경우 아이는 스트레스를 받음은 물론 부모에 대한 신뢰까지 떨어지게 된다.

자기주도학습을 유도하자

학습은 아이와 부모 사이에 풀어야 할 영원한 숙제이다. 하지만 아이가 즐겁게 공부할 수 있는 방법만 찾는다면 이 문제는 간단히 해결된다. 그러기 위해서는 학습의 주체가 아이 자신임을 일깨우는 일을 가장 우선적으로 해야 한다. 조급한 마음을 버리고 아이가 흥미 있어 하고 재능을 보이는 분야부터 가르쳐 보자. 아이가 앎에 대한 기쁨을 알아 가면 그때 조금씩 분야를 넓혀 가도 늦지 않다. 아이 스스로 자신의 학습 스케줄을 짜게 하는 것도 좋은 방법이다. 물론 이때의 학습이란 단순 인지학습만을 의미하지 않는다는 것을 명심해야 한다.

잔소리 없는 엄마가 되자

이거 해라, 저거 해라, 왜 그렇게 느리냐 등 하루라도 잔소리를 하지 않으면 입안에 가시가 돋는 사람이 엄마들이다. 어른도 누군가에게 잔소리를 들으면 스트레스를 받아 심장 박동이 빨라지는 등 이상 현상이 일어난다. 하물며 아이들은 오죽할까. 오늘 당장 잔소리 일지를 만들어보자. 내가 아이에게 언제, 어떤 잔소리를 하는지 횟수를 체크하고, 내일은 오늘의 절반으로 줄이는 연습을 해보자. "하지 마!"가 아닌, "이렇게 하는 게 어때?"라고 권하고 유도하는 표현들로 바꾸어 보는 것도 좋다. 잔소리를 듣고 자란 아이는 주의가 산만하고 집중력이 떨어지며 무엇이든 쉽게 포기하는 경향이 있다. 따라서 아이의 독립성을 형성해 창의적인 아이로 키우려면 부정적 언어나 잔소리를 줄이고 긍정적인 엄마의 모습으로 바뀌어야 한다.

사랑이 넘치는 집안 분위기를 만들자

아빠가 아이에게 해줄 수 있는 가장 큰 사랑은 아이의 엄마를 사랑해 주는 것이라는 말이 있다. 아이는 서로 사랑하는 엄마 아빠의 모습을 보며 사랑을 배우고, 정서적 안정을 느낀다. 아무리 아이에게 잘해 주어도 엄마에게 소리 지르는 아빠를, 아빠에게 바가지만 긁어대는 엄마를 아이가 마음속 깊이 신뢰하고 존경할 수는 없다. 특히 아이가 보는 앞에서 부모가 자주 다투는 모습을 보이면 아이는 공포감을 느끼게 되고, 깊은 잠을 못 자는 수면 장애 증상을 보이는 등 극도의 스트레스 상태에 빠지게 된다.

환경이 변할 땐 사전에 아이에게 의논하고 이해를 구하자

이사나 부모의 부재, 교육기관의 변경 등 급격한 환경변화가 있을 때 아이는 스트레스를 받는다. 피치 못할 사정으로 이러한 변화가 불가피하다면 사전에 아이에게 충분히 설명하고, 의논하고, 이해를 구하자. 아이가 흔쾌히 "그래. 좋아."라고 말해주지 않더라도 시간을 두고 이해를 바라면 아이는 어느 정도 변화를 받아들일 마음의 준비를 한다. 아이를 하나의 인격체로 인정하고 존중한다면 작은 변화에도 마음을 먼저 헤아려 주는 배려가 필요하다.

내 아이 스트레스 간편 체크리스트

- ☐ 잘 잊어버리지 않는가?
- ☐ 쉽게 짜증을 내고 기분 변화가 심한가?
- ☐ 피부가 거칠어지고 피부 질환이 심해지지는 않는가?
- ☐ 집중을 잘 못하지는 않는가?
- ☐ 밥을 잘 못 먹지 않는가?
- ☐ 갑자기 너무 많이 먹지 않는가?
- ☐ 근육통을 호소하지는 않는가?
- ☐ 잠을 잘 못 이루거나 깊이 자지 못하고 자주 깨지는 않는가?
- ☐ 자신감이 없지는 않는가?
- ☐ 별다른 이유 없이 불안해하고 초조해하지는 않는가?
- ☐ 쉽게 피로해하지는 않는가?

체크 방법 : 한 항목당 전혀 그렇지 않다(0점), 약간 그렇다(1점), 대체로 그렇다(2점), 매우 그렇다(3점)로 점수를 매겨 합산한 총점을 기준으로 체크하면 된다.

:: **0~5점** : 거의 스트레스를 받고 있지 않다고 보면 된다.

:: **6~10점** : 약간 스트레스를 받고 있는 상태.

:: **11~15점** : 비교적 스트레스를 많이 받고 있기 때문에 대책이 필요하다.

:: **16~20점** : 스트레스가 아주 심한 상태. 정기적인 건강 검진과 함께 스트레스를 줄이기 위해 적극적으로 노력해야 한다.

:: **21점 이상** : 당장 전문가와 상담이 필요한 상태.

– 서울삼성병원

제4장

아이의 천재성을 120퍼센트 키우는 생활습관

부모의 행동 하나하나가 바로 아이의 창의두뇌를 만든다.
천재의 부모들은 공통된 생활습관이 있었다.
아이의 창의두뇌를 만드는 부모의 생활습관이야말로 가장 훌륭한 롤모델이다.
부모의 습관이 바뀌어야 21세기의 새로운 천재를 만들 수 있다.

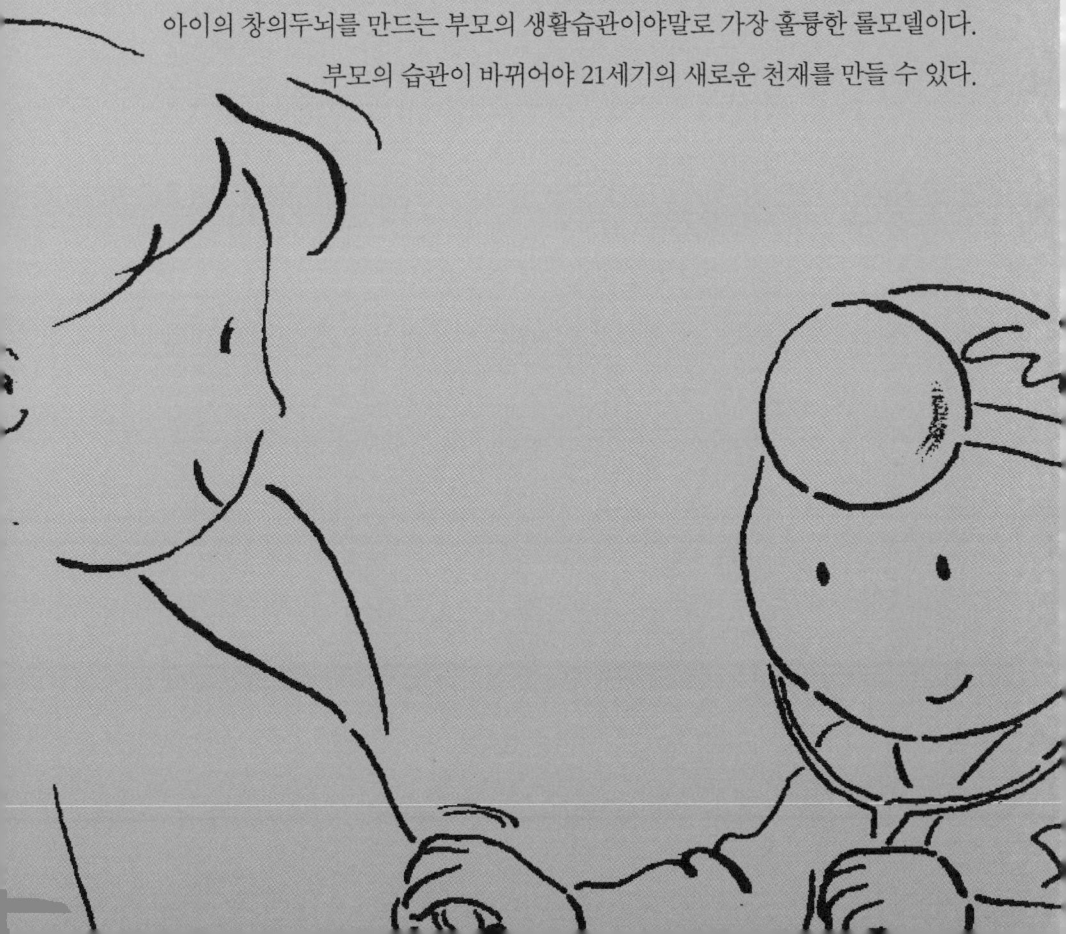

아이의 선택을 존중하라

엄마는 은진이를 유치원에 보내는 아침시간이 하루 중 가장 바쁘다. 올해 여섯 살인 은진이는 옷 입기에서 밥 먹기, 준비물 챙기기까지 일일이 엄마의 도움이 있어야 한다.

"엄마, 양말은?"

"여기. 오늘은 분홍색 레이스 양말을 신자."

엄마는 은진이의 옷에 어울리는 양말을 골라 은진이에게 신겨 준다.

하루도 빼놓지 않고 하는 일이라 엄마는 이젠 힘든 줄도 모른다. 오히려 은진이가 옷과 전혀 어울리지도 않는 양말을 고집하지 않아 고맙기까지 하다.

"엄마, 오늘은 유치원에 가서 수민이랑 놀아도 돼?"

유치원에 가서도 어떤 친구랑 놀아야 할지 엄마에게 일일이 허락을 구하는 은진이를 보며 엄마는 슬슬 걱정이 되기 시작한다.
'혹시 우리 은진이가 캥거루 키드가 아닐까?'

하나에서 열까지 엄마 손으로 해주어야 하는 아이, 캥거루 키드가 늘고 있다. 캥거루 키드는 부모의 손을 떠나 혼자서는 아무것도 할 수 없는 아이들을 일컫는 신조어이다. 은진이처럼 초등학교에 입학할 나이가 되었는데도 혼자 양말조차 신지 못하는 아이가 의외로 많다. 아니, 할 줄 모른다기보다는 엄마가 알아서 다 해주니 스스로 할 필요가 없다. 엄마의 지나친 관심과 사랑이 아이 혼자서는 아무것도 할 수 없는 의존적이고 나약한 존재로 만들어 버린 것이다.

엄마, 혼자서 할 수 있어요

아이들은 대부분 만 2세를 즈음해서 "내가, 내가."라고 말하며 자립 의지를 보인다. 이것은 본능과도 같이 아주 자연스러운 현상이다. 하지만 마음만 앞설 뿐 곁에서 지켜보는 엄마에게는 모든 게 어눌하고 서툴기 짝이 없다. 혼자서 밥을 먹어보겠다고 숟가락을 흔들어 대는 통에 정성들여 만든 이유식은 입에 들어가기보다는 흘려서 버리는 게 더 많다. 게다가 하루에도 몇 벌씩 옷을 버려대는 바람에 엄마는 쉴 틈조차 없다. 결국 지켜보다 못한 엄마는 "엄마가 먹여줄게."라며 아이에게서 숟가락을 빼앗는다.

이처럼 어린아이는 아직 어리다는 이유로, 능숙하지 못하다는 이유로 자신의 자립 의지를 무시당하기 일쑤이다. 아이는 엄마에게 강제로 주도권을 빼앗기는 순간 자신의 선택에 대해 자신감을 상실하게 된다. 이런 것이 반복되면 아이는 무엇이든 부모가 해주기를 바라게 되고, 결국 아이 혼자서는 아무것도 할 수 없는 의존적인 사람이 된다. 이러한 의존성과 자신감의 결여는 아이가 성장한 이후에 학습에도 큰 영향을 미친다. 엄마가 일일이 숙제와 과제물을 챙겨줘야 함은 물론이고, 학원이나 엄마의 도움 없이는 무엇을 어떻게 공부해야 할지조차 몰라 힘들어한다.

부모가 언제까지나 아이의 곁을 맴돌며 아이의 모든 것을 대신 챙겨줄 수는 없는 일이다. 설령, 그럴 수 있다 해도 아이를 진정으로 사랑한다면 아이 스스로 자신의 문제를 해결할 수 있는 자립심을 길러 주어야 한다. 물고기를 주기보다는 물고기 잡는 법을 가르쳐 아이 스스로 물고기를 잡을 수 있게 해주어야 한다는 말이다.

우리 아이 자립심 쑥쑥 키우는 비결

자립심이란 남에게 의지하지 않고 자기 스스로 무언가를 해 나가려는 마음가짐으로, 아이가 올바른 인격체로 성장해 가기 위해, 그리고 자기가 속한 사회에서 자신의 역할을 자기주도적으로 해내기 위해 반드시 갖추어야 하는 것이다.

아이가 자립심을 갖춘 능동적이고 창의적인 인재로 자라기를 바란다면 어릴 때부터 아이의 선택과 의지를 존중해 주어야 한다. 또 아이가 위험하지 않은 한도 내에서 무엇이든 스스로 할 수 있는 기회를 주어야 한다. 이때 아이를 옆에서 지켜보는 엄마의 태도가 아주 중요하다. 아이가 실수를 하거나 완벽하게 해내지 못하더라도 실망하거나 질책해서는 안 된다. 오히려 어린아이는 당연히 서툴 수밖에 없다고 받아들여야 한다. 그리고 아이가 시도했다는 것, 어느 정도 해냈다는 것에 충분히 만족하며, 아이를 칭찬하고 인정해 주어야 한다.

물론 그것이 습관으로 자리 잡기까지 엄마든 아이든 시행착오를 겪을 것이다. 엄마는 아이의 느린 행동이 답답한 나머지 도와주고 싶은 마음이 굴뚝같을 테고, 아이는 생각만큼 잘 따라주지 않는 자신의 몸놀림에 짜증을 내거나 도와달라며 보챌 수도 있다. 하지만 결국에는 참고 기다리는 수밖에 없다. 그래야 아이는 스스로 해냈다는 성취감을 느끼게 되며 이 성취감은 새로운 것에 도전하는 도전의식과 적극성, 나아가 창의력으로까지 발전할 수 있다.

아이의 자립심을 키워 놓으면 학습 면에도 엄마는 한시름 놓을 수 있다. 자립심이 강한 아이는 자기주도적 성향이 강해서 부모가 잔소리를 하지 않아도 자신의 필요에 따라 학습을 하기 때문이다. 학습 목표 역시 스스로 설정하고 계획과 실행, 평가 역시 스스로 한다. 또 이들은 실패에 대한 두려움도 크지 않아서 실패를 경험하더라도 금세 다시 더 큰 목표를 향해 도전 의식을 불태운다.

자립심 쑥쑥 키우는 생활 속 작은 습관들

자신과 관련된 것은 스스로 선택하게 하라

아이가 입을 옷이나 가지고 놀 장난감 등 사소한 부분까지도 아이와 관련된 것이라면 스스로 선택하게 한다. 그리고 그 선택에 책임질 수 있도록 유도해야 한다. 예컨대 유치원에 체육시간이 들었다는 것을 알면서도 운동화가 아닌 구두를 고집한다면 일단은 아이의 선택에 따르자. 그리고 집으로 돌아온 아이에게 "체육 시간은 재미있었니, 불편한 건 없었니?"라고 물어보자. 아이 스스로 "구두라서 뛰기에 불편했어."라는 느낌을 표현한다면 일단은 성공한 셈이다. 자신이 선택한 결과가 그다지 좋지 않았음을 깨달은 아이는 다음 체육시간에는 운동화를 선택할 가능성이 높다.

작은 것이라도 자신의 역할을 정해줘라

아직은 고사리 같은 손이지만 의외로 할 수 있는 일이 많다. 예컨대 엄마가 식사 준비를 할 때 아이에게 수저를 놓게 하거나 물컵을 가져오게 하는 것도 좋다. 이렇게 식사 준비에 참여함으로써 아이는 자신감을 가지게 되고 이런 자신감을 바탕으로 자립심을 키울 수 있다. 물론 이때 아이에게 주어질 역할은 아이의 신체적·정신적 발달수준을 넘어서는 안 된다.

손이 닿는 부분은 스스로 씻게 하라

아이가 만 세 살이 넘으면 혼자서 얼굴을 씻게 한다. 이 닦는 것도 가급적 혼자 하도록 하는 것이 좋다. 깨끗하게 닦지 못해 충치가 생길 것이 염려스러우면 치과에 데려가 실란트를 해주는 것도 한 방법이다. 목욕할 때도 손이 닿는 부분은 아이 스스로 씻게 하는 것이 자립심을 키우는 데 도움이 된다.

읽을 책은 직접 고르게 하라

책꽂이에서 오늘 읽을 책을 고른다거나 서점에 가서 새 책을 살 때에도 아이에게 직접 고르도록 하는 것이 좋다. 아주 질이 낮은 책이 아니라면 아이의 선택을 존중해 주자. 아이는 자신이 선택한 책을 읽을 때 독서에 대한 동기 부여가 높다. 읽을 책을 직접 고르게 하면 책 읽는 습관을 들이게 하는 데도 도움이 된다.

한편 아이가 아직 글을 능숙하게 읽지 못한다면 엄마가 읽어주는 것도 괜찮다. 책을 다 읽은 후에는 아이와 책 내용에 대해 대화를 나누어 보자. 예컨대 마음에 드는 등장인물이나 인상 깊었던 대사 등에 대해 이야기를 나눈다거나 느낀 점을 그림으로 표현해 보는 것도 좋다. 이러한 독후 활동으로 아이는 앞으로 자신이 선택할 책에 대해 기대감이 높아져서 선택하는 데 좀 더 신중을 기하게 된다.

준비물은 스스로 챙기게 하라

유치원에 갈 나이가 되면 준비물을 스스로 챙기는 연습이 필요하다. 이것을 하나의 놀이로 응용해서 가르치는 것도 좋다. 예컨대 엄마가 수첩에 "색연필, 크레파스, 연필"이라고 적어놓고 아이가 스스로 챙기도록 해보는 것이다. 빠뜨린 게 있어도 모른 척하며 "다 챙겼니?"라고 물어만 보면 된다. 만약 유치원에 다니는 아이가 실제로 준비물을 빠뜨리고 가져가지 않았다면 아이가 유치원에서 돌아온 뒤 "왜 그것을 빠뜨리고 갔는지, 그것을 가지고 가지 않아 무엇이 불편했는지" 이야기해 보게 한다.

 **아이의 자립심을 키워주는 세 가지 키워드!**

:: **칭찬** : 자립심의 첫걸음은 뭐니 뭐니 해도 '혼자 할 수 있다'는 자신감이다. 아이가 자신감을 갖기 위해서는 스스로 해서 성공하는 경험을 하는 것이 중요하다. 그러므로 작은 것 하나라도 혼자서 할 수 있게 해주고 해냈을 때 충분히 칭찬해 주자.

:: **격려** : 아이가 어떻게 해서든 제 힘으로 해보려고 할 때는 잘 하지 못하더라도 반드시 격려해주고 다독거려 주어야 한다. 그런 격려로 아이는 '다시 한 번 더' 해볼 수 있는 자신감이 커지는 것이다. 시도했다는 그 자체로 칭찬 받고 격려 받는다면 아이는 무엇이든 시도할 수 있게 되고 멈추지 않을 것이다.

:: **기다림** : 혼자서 해보려는 아이에게 부모가 해줄 수 있는 최선의 도움은 '기다리는 것'이다. 느리고 어설픈 아이의 행동을 지켜보고 있노라면 답답한 마음에 부모가 나서서 얼른 해치우고 싶은 마음이 굴뚝같을 것이다. 하지만 아이의 인생을 부모가 대신 살아 줄 수는 없다.

아이가 꾸며내는 이야기에 귀 기울여라

"나비는 너무 심심해서 하늘 높이 올라갔어. 평소에는 나무까지밖에 안 가는데 그날은 시간이 많이 남아서 더 멀리까지 간 거야. 조금 가다가 구름을 만났어. 구름이 '예쁜 나비야, 좀 쉬었다 가렴.' 하면서 나비를 불러 세웠지만 나비는 미안하다고 말하고 더 높이 날아올랐어."

수민이는 노랑나비를 한 마리 그리더니 엄마에게 이야기 보따리를 풀어 놓았다.

"구름은 어떻게 생겼어?"

엄마는 수민이의 이야기에 장단을 맞추며 눈을 반짝였다.

"응, 구름은 겉으로는 착하게 생겼는데, 알고 보면 나비를 방해하려는 심술꾸러기야."

수민이는 이내 스케치북에다 몽실몽실 구름을 그리더니 구름

한가운데 짙은 회색을 칠했다.

"그런데 나비는 어떻게 됐어?"

"응, 나비는 조금 가다가 바람을 만났어. 착한 바람도 있었지만 심술쟁이 바람도 있어서 나비는……."

수민이의 이야기는 상상의 날개를 타고 저 멀리 우주까지 뻗어 나갔다.

아이들은 말이 정말 많다. 하루 종일 재잘대며 엄마의 혼을 빼놓는다. 게다가 아이들이 하는 말의 절반 이상은 "이게 진짜야, 거짓이야?"를 의심할 정도로 엉뚱하기까지 하다. 이처럼 아이들의 상상력은 끝이 없다. 아이들은 그 무한한 상상력을 이용하여 이야기뿐만 아니라 그림을 그리기도 하고 노래를 부르기도 한다. 하지만 하나같이 그 속에는 무한한 창의력과 깊은 감수성이 살아 있다.

정신활동이 활발한 아이일수록 창작에 더욱 적극적이다. 아이들은 이야기를 지어내며 지금껏 만나보지 못한 인물이나 세상과 만나고 소통한다. 하지만 아이들의 이러한 창작 의지 역시 어른들에 의해 깎이고 흩어지고 사라진다.

"무슨 엉뚱한 소리야?", "얘가 뭐라고 그러는 거야?", "나비는 구름이 있는 곳까지 올라가지 못해." 심지어는 "너 거짓말 하면 혼난다!"라는 말로 어른들은 아이들의 상상력을 가로막아 버리기도 한다.

상상력을 막지 말고 무한히 키워라

어린아이는 현실과 가상 세계의 경계를 잘 모른다. 따라서 아이가 하는 말이 진실이 아니라고 해서 '거짓'으로 단정 지어도 안 된다. 아이는 그저 상상력의 날개를 펼쳐 이야기를 창작해 내는 것이다. 이것은 엄마가 책을 읽어주거나 이야기를 들려줄 때 아이가 그 속에 빠져들어 즐거워하고 행복해하는 것과 같은 행위이다.

하지만 대부분의 아이들은 성장하면서 이러한 상상력이 줄어든다. 현실과 가상의 경계를 구분하기 시작하면서 모든 이야기가 '현실' 속에서만 가능하다는 틀에 갇혀 버리는 것이다. 물론 상상력이 풍부한 아이는 현실과 가상 세계를 충분히 구분하면서도 현실을 기반으로 한 상상의 세계를 보존할 수 있다. 그러기 위해서는 엄마의 적극적인 협조가 필요하다.

지금부터 아이의 상상력을 키워 잠재된 창의력을 끌어내는 구체적인 실천 방법들을 알아보자.

그림만으로 충분히 상상하게 하라

새로운 책의 첫 장을 열기 전에, 아이와 함께 책에 대해 이야기해보자. 책의 제목과 표지의 그림만으로도 아이는 한 시간 넘게 이야기를 지어낼 수 있다. 책의 내용과 다른 엉뚱한 이야기라도 문제가 되지 않는다. 아이의 이야기가 끝나면 다음 단계는 책 속의 그림들을 보여준다. 이때 한 그림에 오래 머물기보다는 속도를 빨리 하여 책 전체의 그림을 순서대로 보게 한다. 아이에게 책에서 본 그림을 토대로 이야기를 전개해 나가도록 해보자. 물론 아이가 힘들어하면 엄마가 이야기를 풀어갈 실마리가 될 말들을 던져주면 된다. 그림을 통해 이야기의 전체를 상상해 가면서 아이는 사고력과 추리력, 창의력의 날개를 한껏 펼치게 된다.

읽기를 멈추고 "왜?", "어떻게?"를 물어라

그림만으로 이야기를 만들어 내는 단계를 거쳤으면 다음으로는 실제 이야기를 읽어주자. 아이의 표정을 살펴가며 아이가 이야기에 빠져들었을 즈음 엄마는 이야기를 멈춘다. 그러고는 "00는 어떻게 됐을까?", "00는 왜 그렇게 행동했을까?" 등의 질문을 던진다. 이야기에 한껏 취해 있는 아이는 자신의 상상의 날개를 펼쳐 엄마에게 대답할 것이다. 이 활동을 함으로써 아이는 이야기의 논리성과 인과관계를 파악해 나갈 수 있다.

아이의 이야기를 집중해서 들어라

아이들의 눈은 예리하다. 특히 부모에 대해서는 더욱 그렇다. 부모가 진심으로 자기의 이야기를 관심 있게 들어주는지 아니면 건성으로 듣는지 금세 알아차린다. 잘 듣는다는 것은 오로지 아이의 이야기에 집중한다는 것을 의미한다. 아이의 눈을 마주보면서 아이의 말을 듣는 데만 몰두하도록 하자. 그리고 아이의 이야기에 적절한 반응을 보여주어야 한다. 주인공의 기쁨에 같이 기뻐해 주고 주인공의 어려움에 같이 걱정해 주어야 한다. 그리고 마지막에는 정말 재미있었다며 다음에 이야기를 또 들려달라고 말해 주어야 한다. 아이는 이야기를 꾸며내는 과정에서 창의력과 상상력을 키우고, 부모의 적극적인 반응을 보면서 자신감과 의욕을 키운다.

 ## 아이의 이야기에 귀를 기울이자

오늘은 조금이라도 당신 아이가 말하려는 것에 귀를 기울이자.
오늘은 들어주자. 아무리 바쁘다 해도.
안 그러면 언젠가 아이는 당신 말을 듣지 않게 된다.

아이의 고민과 요구를 들어주자.
아무리 하찮은 승리의 이야기라도
아무리 시시한 행동이라도 칭찬해주자.
소란스러운 아이의 재잘거림도 인내하며 듣고
함께 큰소리를 내며 웃어주자.

아이에게 무슨 일이 있었는지
그리고 무엇을 바라고 있는지 찾아내자.
그리고 말해주자 사랑하고 있다고.
매일 밤, 매일 밤을 꾸중하고 나서는 껴안아주면서
"괜찮아" 하고 말해주자.

아이의 나쁜 점만 입에 담고 있으면
바람직하지 않은 인간이 되고 만다.
한 가족인 것이 자랑스럽다고 말해주면
아이는 자신을 성공한 사람이라고 생각하며 커간다.

오늘은 조금이라도 당신 아이가 말하려는 것에 귀를 기울이자.
오늘은 들어주자. 아무리 바쁘다 해도.
그러면 아이도 당신 말을 듣기 위해 돌아오리라.

― 데니스 웨이트리(Denis Waitley)

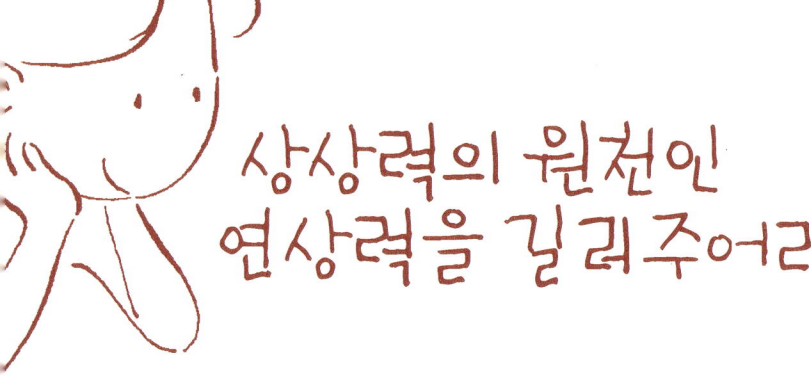

상상력의 원천인 연상력을 길러주어라

아이 : 어, 사과다!

엄마 : 맞아. 사과는 빨갛고 동그래. 달콤하고 새콤한 맛도 나지.

아이 : 오렌지도 달콤하고 새콤한 맛이 나. 오렌지주스도 맛있어.

엄마 : 그럼 우리도 주스 만들어 먹어볼까? 그러면 과일을 사러 가야겠네? 어디로 가지?

아이 : 시장에 가야지. 시장에 가면 과일을 많이 팔아.

엄마 : 맞아. 시장에 가면 사과도 있고 오렌지도 있고 딸기도 있어. 그리고 또 뭐가 있을까?

아이 : 콩나물도 있어. 두부도 있고.

엄마 : 우와, 그러면 시장에는 물건이 많으니까 사람들도 많이 다니겠네.

아이 : 사람들이 바구니를 들고 물건을 사러 와.

>   엄마 : 그럼 우리도 바구니를 들고 가서 물건을 많이 사와야겠
>   네. 무엇을 사오면 좋을까?

　엄마와 아이의 대화가 꼬리에 꼬리를 물고 끝이 날 줄을 모른다. 그런데 엄마의 대화를 유심히 들여다보면 아이의 생각이 단계별로 발전할 수 있게끔 자연스럽게 유도하고 있음을 알 수 있다. 이처럼 꼬리에 꼬리를 무는 생각, 한 가지로 다른 여러 가지를 유추해내는 힘이 바로 연상력이다.

　창의력의 근원은 상상력에 있고, 상상력의 원천은 연상력에 있다. 즉 아이의 연상력이 풍부해질수록 창의성도 더욱 커진다는 말이다. 우리의 뇌는 특정 부분에 한 뭉텅이의 단편적 기억을 보관하고 있다가 사소한 것 하나가 계기가 되어 물꼬가 터지듯 조각조각 꼬리를 물고 나타난다. 아이와 함께 연상놀이를 하며 아이의 생각이 폭발할 수 있는 힘을 길러주자. 이 과정에서 아이의 상상력과 창의력이 유감없이 발휘된다.

연상력으로 다양한 정답을 만들어내자

　답은 찾는 것이 아니라 만들어 가는 것이다. 그런데도 아직도 "정답은 하나다!"라며 시대에 역행하는 고집을 피우고 있지는 않은가? 더 이상 일방통행만 강요하는 길은 길로 인정받지 못한다. 길은

사방팔방으로 통하고 끝도 없이 뻗어가야만 의미가 있다. 학문도 마찬가지이다. 예컨대 수학이 수학으로만 남는다면 무슨 의미가 있겠는가. 그것을 생활에서, 과학에서, 건축학 등에서 다양하게 응용하고 활용할 때라야 진정한 가치를 발하는 것이다.

심리학에 연상 결합법이란 것이 있는데, '이어서 상상하여 결합한다'는 뜻으로 기억하려는 내용들을 앞뒤로 서로 연관성 있게 의미를 만들어서 연결하여 기억하는 방법이다. 아이가 연상력을 갖게 되었을 때 아이에게 하나의 주제를 주면 나무뿌리처럼 생각을 이어나가게 된다. 어떤 사물이나 그림을 보고, 새로운 것을 연상하면서 기존의 틀에서 벗어나 창조력이 생기는 것이다. 상상하거나 연상하는 것은 무한대이며, 이런 무한대의 연상능력을 최대한 발휘하는 것이 창의두뇌를 만드는 원천이 된다.

무한대로 뻗어간 연상능력은 다양한 영역에서 통합적인 사고를 가능하게 한다. 소크라테스, 플라톤, 아리스토텔레스, 레오나르도 다빈치 등 역사상 훌륭한 업적을 남긴 인물들은 한두 가지의 특정 재능만을 가졌지만 다양한 영역에서 연상력을 발휘하여 창의적인 성과물을 얻었다는 공통점이 있다. 그래서 우리는 그들에게 다방면에 걸쳐 천재성을 발휘했다고 말한다.

생각의 꼬리에 꼬리를 물어라

"원숭이 엉덩이는 빠알~개, 빨가면 사과, 사과는 맛있어, 맛있으면 바나나, 바나나는 길어, 길면 기차, 기차는 빨라, 빠르면 비행기, 비행기는 높아, 높으면 백두산……." 아이와 이렇게 연상 놀이를 하다보면 원숭이 엉덩이와 백두산이 어느새 같은 것이 되었다. 이 둘은 분명 다른 것인데도 어딘가에서 공통점으로 이어져 있다는 사고의 유연성이 생기는 것이다. 이러한 사고의 유연성이 고정관념을 깨고 창의적인 사고를 가능하게 해준다. 아이의 말에 꼬리에 꼬리를 물어 사고의 범위를 조금씩 넓혀가도록 도와주자. 이런 식으로 대화를 하다보면 정말 생각지도 못한 아이의 기발함에 깜짝 놀라게 될 것이다.

아이의 연상력을 키워주는 놀이를 좀 더 구체적으로 살펴보자.

단어를 보고 생각나는 것을 말해봐

별, 꽃, 땅, 사과, 하늘 등 한 음절이나 두 음절로 된 단어를 카드에 쓴다. 아이에게 카드에 쓴 단어를 보여주면서 떠오르는 것을 자연스럽게 이야기하도록 해본다. 아이가 힘들어하면 엄마와 번갈아가며 하나씩 대답하는 것도 좋다. 하나의 단어를 통해 아이에게 끊임없이 연상할 수 있게 하는 효과가 있다.

주머니 속 물건을 만져봐

물건을 담을 수 있는 천주머니를 하나 준비하자. 그리고 아이가 보지 않는 곳에서 그 속에 여러 가지 물건을 집어넣는다. 아이에게 양손으로 번갈아 가면서 주머니 속의 물건들을 만져보게 하자. 그러고는 손에 닿는 느낌이 어떤지 이야기하게 하고 무슨 물건인지 짐작하게 한다. 엄마는 아이가 하는 말을 메모하는 것도 좋다. 아이가 짐작한 물건이 무엇인지 이야기하게 한 후 주머니 속의 물건을 꺼내서 직접 확인하게 한다. 메모했던 것을 펼쳐두고 아이의 짐작과 실제가 어떻게 다른지 비교하며 살펴보게 한다. 이 놀이를 통해 아이는 촉감과 만져지는 형태로 사물을 연상하게 되며, 촉감과 형태를 표현하는 다양한 언어들을 구사하는 능력을 키울 수 있다.

도형으로 사물을 상상해봐

종이에 선이나 도형을 그려서 아이에게 보여주자. 그리고 아이에게 그 선이나 도형을 구성하고 있는 사물의 모습을 생각해 보게 한다. 예컨대 엄마가 삼각형의 도형을 그려주었다면 아이는 삼각형을 이용해 연상되는 사물을 이야기하는 것이다. 그런 후 아이가 생각한 것을 그림으로 표현해 보게 한다. 이때 도형을 두 가지 이상 그려주어도 된다. 아이가 자신만의 독창적인 생각을 표현해보는 데 도움이 된다.

이야기를 연결해봐

'원숭이 엉덩이는 빠알~개, 빨가면 사과, 사과는 맛있어, 맛있으면 바나나.'처럼 앞 이야기와 연관성을 생각해서 뒤 이야기를 연결해 나간다. 단, 이야기는 아이가 이해할 수 있도록 짧고 간결해야 한다. 연상되는 단어를 이용해 문제 해결능력을 가지게 된다.

'만약'을 상상해봐

"만약 전화가 없다면 어떨까, 만약 바람이 불지 않으면 세상은 어떻게 될까." 등의 질문을 아이에게 던져보자. 예상치 못했던 일이 실제로 일어날 수 있다는 상상만으로도 아이의 창의력은 자극된다. 단순한 질문으로 시작하여 점차 질문의 수준을 높여 나가는 것이 좋다. 아이의 월령이 낮다면 주변에 있는 사물의 예를 드는 것이 좋다.

도대체 무슨 일이 일어난 거지?

이야기가 그려진 한 장의 그림카드를 아이에게 보여주며 그 상황에 대한 질문을 던진다. "여우가 나무 뒤에 숨어 있네. 여우는 도대체 왜 나무 뒤에 숨어 있는 거지?", "여우는 언제부터 저러고 있었던 걸까?" 등 그림카드를 보면서 아이가 답을 유추할 수 있는 질문이어야 한다. 아이가 이야기를 잘 만들어내지 못할 때는 엄마가 먼저 이야기를 시작해도 좋다. 그림을 보고 아이가 혼자서 상황을 이해하고 상상하게 된다.

멋진 이름을 지어줘

찰흙이나 지점토, 블록, 물에 적신 휴지 등을 이용해 아이와 함께 다양한 모양을 만들어 보자. 상상 속의 사물이라도 상관없다. 작품을 다 만들고 나서는 그 작품에 적절한 이름을 붙여본다. 이때 이름은 굳이 한 단어가 아니어도 된다. 예컨대 아이가 "뚱뚱하고 우스꽝스러운 외계 돼지"라고 이름을 짓더라도 사물의 특징과 잘 연결된 이름이라면 문제가 되지 않는다. 아이는 이름 짓기 활동을 통해 사물을 정의하는 능력은 물론 연상력도 한층 커지게 된다.

 **책을읽어줄때상상력을자극하여연상력을길러주자**

KBS 프로그램 〈스펀지〉가 인기를 끌 수 있던 장치 가운데 하나는 "00은 □이다"라는 명제입니다. 이 네모 안에 무엇이 들어갈지 사람들의 호기심을 불러일으킨 것이 성공비결 중 하나라고 합니다. 실제로 시청자들은 방송을 보면서 '저 네모 안에 뭐가 들어갈까?' 골똘히 생각하게 됩니다. 따라서 아이들에게 책을 읽어줄 때, 적절한 장치를 가지고 아이들의 상상력을 자극하는 것이 좋습니다.

- 홍경수, 《여섯 살 소리 내어 읽어라》

좋아하는 것에 몰입하게 하라

도훈이는 벌써 두 시간째 방에서 꼼짝 않고 있다. 방 안 가득 블록을 늘어놓고 뭔가를 만들기 시작한 지 두 시간이나 지난 것이다. 엄마는 도훈이에게 방해가 되지 않기 위해 방문을 조심스럽게 열어 본다. 도훈이는 엄마가 들어온 줄도 모르고 열심히 블록을 조립해 간다. 제 마음에 들지 않는 것은 분해해서 다시 만들기도 하고, 이미 완성된 듯 보이는 것에 블록을 더 붙이기도 한다.

한 시간이 더 흐른 후에야 도훈이는 만족스러운 표정으로 방에서 나온다.

"엄마, 이것 봐! 미래도시야."

"우와, 이렇게 멋진 걸 도훈이가 다 만들었어?"

엄마는 도훈이가 만들어 놓은 미래도시를 보고는 감탄을 쏟아낸다.

"엄마, 이건 미래의 방송국이야. 이곳에서 전파를 보내면 우주에서도 방송을 볼 수가 있어. 내가 여기에다 인공위성을 만들어 놨거든."

도훈이는 다시 한 시간이 넘도록 자신이 만든 작품을 하나하나 설명한다. 엄마는 설명을 듣는 내내 신기하고 놀랍다는 반응을 보이며 아이의 이야기에 귀 기울여 준다.

몰입, 어떤 일에 온 정신이 빠져서 깊이 파고드는 것을 말한다. 우리가 흔히 말하는 "시간 가는 줄 모른다."는 상태가 바로 몰입의 상태이다. 몰입을 하면 놀이도, 운동도, 심지어는 공부까지도 즐겁고 행복하게 느끼게 된다.

하늘의 별을 올려다보며 천문학을 연구하는 데 심취해 있던 그리스의 철학자 탈레스는 별을 보는 데 몰입해서 길을 가다 웅덩이에 빠지기도 했다. 진리를 탐구하는 것에서 즐거움과 행복함을 얻던 그에게 발밑에 무엇이 있는지 신경 쓸 겨를이 없었던 것이다.

몰입은 즐거움인 동시에 성공의 원동력이기도 하다. 각 분야에서 탁월한 성공을 거둔 인물들 역시 자신이 원하던 것을 얻을 때까지 포기하지 않고 시도했기 때문에 성공을 일구어낸 것이다. 그것도 그 순간을 충분히 즐기면서 말이다. 중력의 법칙을 발견한 뉴턴은 "한 가지만을, 그것 한 가지만을 생각했다."고 했으며, 아인슈타인도 "몇 달이고 몇 년이고 생각하고 또 생각한다. 그러다 보면 99번은 틀리고 100번째가 되어서야 비로소 맞는 답을 찾아낸다."고 말했다. 물론 그들에게는 타고난 재능도 있다. 그리고 뛰어난 창의성도 있다. 하지만 그들이 진정으로 자신의 일에 몰입하지 않았더라면 그들은 실패를 거듭하면서 도전 의지가 꺾이고, 결국에는 포기하고 말았을 것이다.

몰입도 훈련이다!

뉴턴과 아인슈타인의 머리는 타고난 것이라 흉내 내기 힘들다고 하더라도 그들의 몰입적인 사고는 후천적인 노력으로 충분히 흉내 낼 수 있다. 천재의 몰입 정도가 100퍼센트라면, 보통 아이의 몰입 정도는 20퍼센트 정도라고 한다. 하지만 보통의 지능을 가진 아이에게 몰입과 성취감을 맛보게 하고, 그러한 교육을 지속적으로 이어간다면 보통의 아이를 천재로 만들기는 결코 힘든 일이 아니다. 그리고 몰입력도 창의력과 마찬가지로 어릴 때 키워줄수록 그 효과가 크다.

몰입은 자신이 즐거워하고 흥미 있어 하는 것에서만 발휘되는 능력이다. 그래서 어린아이들이 쉽게 몰입할 수 있는 것이 바로 놀이다. 물론 TV나 컴퓨터 게임도 아이들이 쉽게 빠져들지만 아이의 태도가 수동적이라는 한계가 있어서 몰입력을 키우는 방법으로는 결코 바람직하지 않다. 따라서 좀 더 적극적인 참여를 유도할 수 있는 놀이로 아이의 몰입력을 키우는 훈련을 하는 것이 좋다.

일상에서 놀이로 몰입력을 키울 수 있는 구체적인 방법을 살펴보면 다음과 같다.

분명한 목표를 갖도록 하자

아이가 놀이를 할 때 그 목표는 '나비 그림을 완성하겠다.', '블록으로 우주도시를 만들겠다.' 등이 될 것이다. 물론 이 목표는 실현 가능한 것이어야 하며, 아이 스스로 정한 것이어야 한다. 엄마는 아이가 놀이를 시작하기 전 목표를 한 번 더 되새길 수 있도록 해주고, 반드시 그것을 이루겠다는 의지를 키워주어야 한다. 그러기 위해서는 아이가 목표를 이루어냈을 때 엄마는 그 노력과 결과를 충분히 칭찬해 주어야 한다. 아이는 목표를 이루어낸다는 기쁨을 느낌과 동시에 엄마의 칭찬과 격려에 도전 의지도 더욱 커질 것이다.

시간을 충분하게 확보해주어라

목표가 분명하게 정해졌다면 그것을 이룰 수 있는 시간이 충분하게 확보되어야 한다. 예컨대 목표는 분명한데 자신에게 주어진 시간이 10분밖에 되지 않는다면 아이는 어쩔 수 없이 그것을 중도에 그만두어야 한다. 이런 것이 반복되면 아이의 몰입력이 줄어들 수밖에 없다.

몰입할 수 있는 분위기를 만들어주어라

아이가 놀이에 몰입해 있을 때는 다른 것으로 아이의 몰입을 방해해서는 안 된다. 예컨대 아이가 열심히 그림을 그리고 있는데, "간식 먹으러 와라.", "누구 집에 놀러 가자." 등으로 아이의 관심을 다른 곳으로 옮겨가게 해서는 안 된다.

아이의 의견을 존중하라

엄마가 단독으로 결정을 한다거나 의견을 내기보다는 아이의 의견을 먼저 묻고 가능한 그 의견을 존중해주도록 하자. 그리고 아이가 자신의 의견을 결정하는 동안 충분히 시간을 두고 기다려주자. 스스로 고민하고 생각을 집중하는 과정에서 몰입이 가능해진다.

다독보다는 정독을 훈련하라

아이들은 자신이 좋아하는 주제의 책일수록 흥미를 느끼며 쉽게 몰입한다. 책을 거들떠보지 않던 아이도 자신이 흥미를 느끼는 책에는 몰입하면서 연거푸 몇 번을 읽는다. 엄마들은 때를 놓치지 않고 아이에게 다른 책을 건넨다. 많은 책을 읽어야 머릿속에 많은 지식이 쌓인다고 생각하기 때문이다. 하지만 많이 읽는다고 많은 것을 알게 되는 것은 아니다. 즐거운 마음으로 몰입해서 읽지 않는다면 아이의 머릿속에는 책의 내용보다는 책을 읽었다는 행위에 대한 기억만 남을 뿐이다.

 **몰입은 책읽기로부터!**

책을 끝까지 읽지 못하는 아이들이 더러 있다. 이 이유는 아이가 집중력이 떨어지는 경우도 있지만 그 책이 아이의 관심을 끌지 못하거나 아이의 수준에 맞지 않는 경우일 수도 있다. 책을 읽을 때 한 권을 읽었느냐, 열 권을 읽었느냐는 중요하지 않다. 중요한 것은 얼마나 그것에 몰입하여 즐겁게 읽는가이다. 따라서 한 권의 책이라도 제대로 읽게 하려면 아이가 흥미 있어 하는 책을 고르는 것이 중요하다. 우선은 아이에게 직접 책을 고를 수 있도록 하는 것이 좋다.

자신이 고른 책을 읽으며 몰입하는 동안 집중력은 자연스럽게 길러진다. 그리고 또 한 가지 유의할 점은 "최소한 한 시간은 읽어야 한다."는 등의 시간 제약을 두어서는 안 된다는 것이다. 책읽기가 습관화되어 있지 않은 아이에게는 자신이 집중할 수 있는 시간이 가장 최적의 독서 시간인 것이다. 한 번에 욕심을 내기보다는 책 읽는 시간을 서서히 늘려가는 방법을 선택하는 것이 좋다.

EQ가 IQ를 키우게 하라

톡톡, 툭툭. 지수는 하늘을 올려다보며 두 손 가득 빗방울을 받아본다. 비가 오는 날 엄마는 지수와 함께 비를 즐기러 나간다. 우산 대신 비옷과 장화를 꺼내 신은 엄마와 지수는 빗물을 담을 양동이도 준비한다.

첨벙 첨벙. 지수는 물웅덩이에 고인 빗물을 튀기며 첨벙거리는 소리를 만들어 낸다. 그러고는 이내 물웅덩이가 잔잔해지기를 기다렸다 제 얼굴을 비춰보며 해죽 웃는다.

바람이 부는 날이면 지수는 바람개비를 만들어 들고 엄마와 함께 바람을 즐기러 나간다. 천천히 걸으며 바람개비가 느리게 돌아가는 모습을 관찰하다 어느 순간 갑자기 속도를 높여 달려가기도 한다. 지수의 기분만큼이나 신이 난 바람개비는 힘든 줄도 모르고 쌩쌩 돌아간다.

도시로, 아파트로 주거 공간이 바뀌면서 아이들은 자연을 느낄 수 있는 시간과 공간이 극히 제한이 되었다. 모처럼 큰맘 먹고 교외로 나들이 계획을 세우지 않는 한 아이들은 하루 종일 집이나 유치원의 콘크리트 건물 속에 갇혀 자연과는 거리가 먼 일상을 보내야 한다.

그래서인지 아이들은 별일 아닌 것에도 쉽게 짜증을 내고, 제가 좋아서 시작한 일인데도 금세 싫증을 내기도 한다. 이는 감정을 이해하고, 삶을 풍요롭게 하는 방향으로 감정을 통제할 줄 아는 능력인 EQ(Emotional Quotient)가 부족해서 나타나는 현상으로 볼 수 있다.

하루 종일 보채며 엄마를 힘들게 하던 아이도 자연과 더불어 놀다보면 언제 그랬냐는 듯 생글거리며 맑디맑은 아이가 된다. 정서적 만족감이 아이의 EQ를 쑥쑥 자라게 해주는 것이다.

EQ는 학습으로 키워지는 것이 아니라 가슴으로 느끼는 것이다. 따라서 아이에게 세상의 모든 것을 사랑할 수 있는 분위기를 만들어 주어야 한다. 날씨의 변화를 몸으로 직접 느끼게 하고, 계절의 변화를 오감으로 체험하며, 자연의 신비에 감사할 줄 알게 해야 한다. 농부의 땀방울을 체험하며 쌀 한 톨에도 감사의 마음을 담을 줄 아는 아이는 세상 누구에게도 감사하는 마음을 가진 사람으로 성장할 수 있다.

머리와 가슴이 함께해야 창의력이 커진다

아무리 재능이 뛰어나고 IQ가 높다 하더라도 스스로의 마음을 컨트롤할 수 없는 사람은 성공에 이르기 힘들다. 살다보면 하기 싫은 일도 해야 하고, 하고 싶어도 하지 말아야 하는 일이 있다. 특히 당장의 유혹을 견뎌냄으로써 더 큰 만족과 보상이 따른다면 유혹을 이겨내고 조절할 줄 알아야 한다. 이것은 머리의 힘인 IQ가 아니라 가슴의 힘인 EQ가 강한 사람이라야 가능한 일이다.

IQ가 머리의 지능지수인 것에 반해 EQ는 마음의 지능지수인 감성지수를 뜻한다. 그래서 EQ가 높은 사람은 갈등 상황이 되면 즉흥적으로 대응하기보다는 그 상황을 분석하고 자신의 처지를 정확하게 인식함으로써 감정적 대응을 자제한다.

그런데 IQ와 EQ가 구분된다고 하여 이것을 완전히 다른 별개의 존재로 생각할 수는 없다. IQ는 사고능력이나 기억력, 이해력, 추리력, 계산력, 창의력 등과 관계되는 이성능력이고, EQ는 감정을 통제할 수 있는 인내심, 지구력, 충동억제력, 만족지연 능력, 용기 절제, 감정이입 능력 등과 관계되는 정서능력이지만, 이 두 능력은 별개의 것이 아니라 상호작용적으로 나타난다. 따라서 이성을 담당하는 IQ와 감성을 담당하는 EQ는 균형을 맞추어 발달하는 것이 좋다. 창의력 역시 머리의 힘과 가슴의 힘이 함께 어우러질 때라야 제 능력을 발휘할 수 있다. 역사적으로 유명한 업적을 남긴 인물을 보면 이 두 능력을 균형 있게 이용함으로써 자신의 인생을 성공으로 이끌어 내었음을 알 수 있다.

긍정적 정서를 각인시켜라

IQ는 월등하게 높은 데 EQ가 낮다면 그 사람은 인내심과 지구력 등이 부족한 탓에 어떤 일에 있어 목표치에 도달하기 힘들다. 그리고 충동억제력이나 감정이입 능력이 부족해 조직에서의 적응력도 떨어지게 된다. 미국의 교육학자들은 친구들과 잘 어울려 놀지 못하는 아이가 학교를 중퇴할 확률이 평균보다 8배나 높다는 사실을 지적하며, 어린 시절부터 EQ를 키우는 감성교육을 해야 함을 강조하고 있다. 결국 21세기는 머리만 좋아서 되는 것이 아니라 감정 또한 잘 성숙해야 자신이 가진 재능과 능력을 마음껏 펼칠 수 있게 된다는 말이다.

하버드 대학 심리학 박사인 다니엘 골먼은 "뇌의 전두엽에는 편도복합체라는 부위가 있는데 이곳에 정서적 경험이 각인된다."고 했다. 즉, 지적 능력과 관련이 깊은 대뇌피질의 회로는 아이가 성장하면서 계속 연결되는 반면, 정서적 경험을 저장하는 편도복합체는 태어날 때 이미 연결되어 있어 부모에게서 받는 사랑, 사물에 대한 호기심, 감사하는 마음, 긍정적 태도 등은 뇌에 들어가는 즉시 기록된다는 것이다. 따라서 영유아기에는 아이를 똑똑하게 키우기 보다는 행복하고 신나게 해주어 아름다운 추억이 많이 기록되도록 하는 것이 더 중요하다. 아이는 이러한 뇌의 긍정적인 기억들로 인해 자긍심이 높아지고, 정서적으로도 안정되며, 희망적인 아이로 자라게 된다.

 **마시멜로의 유혹!**

미국 스탠퍼드 대학의 월터 미셸 박사는 아이들을 대상으로 일명 '마시멜로 실험'을 했다. 그는 실험에 참가한 네 살배기 아이들에게 마시멜로 과자를 하나씩 나누어주며 "15분 동안 마시멜로 과자를 먹지 않고 참으면, 상으로 한 개를 더 주겠다."는 제안을 한다. 평소 미국 아이들은 마시멜로 과자를 무척이나 좋아하기 때문에 유혹을 참기는 말처럼 쉬운 일이 아니었다.

결국, 실험에 참가한 아이들 중 3분의 1이 15분을 참지 못하고 마시멜로를 먹어치웠고, 3분의 2는 끝까지 기다린 후 상을 받았다. 그런데 그로부터 14년 후, 놀라운 사실이 밝혀졌다. 당시 마시멜로의 유혹을 참아낸 아이들은 대부분 스트레스를 효과적으로 다룰 줄 아는 정신력과 함께 사회성이 뛰어난 청소년들로 성장해 있었다. 성적에서도 이들의 차이는 분명했다. 대학진학을 위한 적성검사인 SAT 점수에서도 이들은 마시멜로의 유혹을 이기지 못한 아이들보다 210점이나 앞섰다.

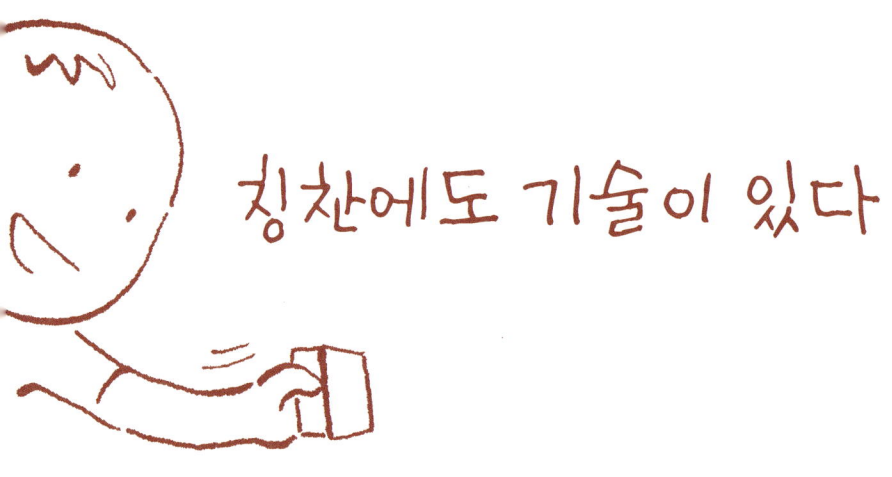

칭찬에도 기술이 있다

서울대공원에는 '돌이', '고리', '래리'라는 이름의 세 마리 돌고래가 있었다. 그런데 돌이와 고리는 성격도 쾌활하고 재주도 곧잘 부려 사육사들은 물론 관중들의 사랑을 듬뿍 받았지만 래리는 그렇지 못했다. 내성적인 성격에 몸놀림 또한 소극적이었다.

"우와, 래리 정말 대단한데! 이렇게 회전을 잘하는 돌고래는 처음이야."

사육사들은 래리의 작은 성공에도 칭찬을 아끼지 않았으며 먹이도 다른 고래보다 더 많이 주었다. 그리고 관중들에게도 더 많은 박수를 부탁했다. 그런데 정말 신기하게도 래리의 실력은 점점 향상되더니 마침내 다른 두 마리 고래들도 하기 어려운 고난도 묘기까지 선보이게 되었다.

칭찬은 고래도 춤추게 한다. 그만큼 칭찬은 기분을 좋게 하고, 마음을 넓혀주고, 마음속에서 새로운 불꽃이 솟아오르게 한다. 또 칭찬에는 자신감을 길러주는 힘이 숨어 있다. 세계적인 성악가로 인정받고 있는 조수미 씨만 하더라도 어린 시절 부모님의 칭찬이 의욕을 불러일으키고 자신감을 기르는 데 큰 도움이 되었다고 한다. 어릴 때부터 피아노, 글짓기, 무용 등 여러 분야에서 상당한 재능을 보였던 그녀에게 부모님은 항상 "잘한다, 훌륭하다."며 칭찬을 아끼지 않았다. 이러한 부모님의 칭찬은 그녀의 자신감을 키워주었고, 그 결과 큰 오페라 무대에서도 겁먹지 않고 자신 있게 노래를 부를 수 있게 된 것이다.

더 크고 높은 목표에 도전할 수 있는 용기 역시 바로 이런 자신감에서 나온다. 칭찬을 받은 아이는 자신이 사랑받고 있으며 자신의 행동에 부모가 관심을 갖고 있다는 것을 확인하게 된다. 그 결과 아이는 조금 더 높은 목표에 도전할 용기를 얻게 된다.

그런데 아무리 몸에 좋은 약도 너무 많이 먹거나 잘못 먹으면 독이 되듯 칭찬을 할 때도 적절한 시기에 적절한 방법으로 해주는 기술이 필요하다. 다음은 전문가들이 권하는 칭찬의 기술을 정리한 것이다.

칭찬받을 행동을 한 즉시 칭찬하라

아무리 훌륭한 칭찬이라 하더라도 시간이 지나가 버리면 효력이 떨어진다. 아이가 칭찬받을 행동을 했을 때는 즉시, 바로 그 자리에서 칭찬해주도록 하자. 그러면 아이는 엄마가 정확히 자신의 무엇을 칭찬했는지 파악하기가 쉽고, 자신의 행동에 대해 긍정적 평가를 내릴 수 있다. 다음이나 나중에 하는 칭찬은 그만큼 효과도 떨어진다.

결과보다 노력한 과정을 칭찬하라

아이가 엄마와 한 약속을 잘 지켰을 때 결과만을 칭찬할 것이 아니라 아이가 약속을 지키기 위해 노력한 사실을 부각시킨다. 아이가 계속 잘할 수 있도록 동기를 부여해 주는 방법은 바로 아이가 노력한 과정을 칭찬하는 것이다. 아이들은 자신이 열심히 하지 않고 최선을 다하지 않았는데도 칭찬받으면 당혹감을 느낀다.

칭찬은 구체적이어야 한다

"넌 정말 훌륭해.", "넌 참 대단해."라는 식의 추상적인 칭찬은 듣기에는 좋지만 아이로선 자기의 어떤 점이 훌륭한지, 어떤 점이 대단한지 헷갈릴 수밖에 없다. 게다가 이런 식의 추상적인 칭찬이 남발되면 아이는 이런 말들을 칭찬이라고 여기지 않고 식상하게 생각할 수 있다. 그래서 칭찬은 구체적이어야 한다. "엄마 심부름을 이렇게 잘하다니 정말 어른스러운걸! 엄마는 네가 정말로 자랑스러워."라는 식으로 칭찬받을 만한 아이의 행동을 구체적으로 언급해 주고 그에 대한 칭찬을 해주어야 한다.

말과 함께 몸으로도 칭찬하라

칭찬의 말은 언제 들어도 기분이 좋다. 하지만 말과 더불어 몸으로도 칭찬해준다면 그 기분 좋음은 배가 될 수도 있다. 칭찬을 하며 아이를 꼭 껴안아 준다거나, 아이의 머리를 쓰다듬어주거나, 아이에게 뽀뽀를 하는 등의 스킨십을 해보자. 아이는 칭찬을 받아서 기분 좋음과 동시에 엄마 아빠가 정말로 자신을 사랑한다는 것을 마음 깊이 느낄 수 있다.

칭찬의 부정적 부분을 염려하라

칭찬이 늘 긍정적인 효과만을 낳는 것은 아니다. 지나친 칭찬은 자칫 잘못하면 아이를 자만으로 빠뜨릴 수도 있다. 또 칭찬의 달콤함은 아이에게 혹시 그것을 잃을지도 모른다는 두려움을 안겨주기도 한다. 따라서 아이가 지나친 자만심이나 두려움을 갖지 않도록 자신이 갖고 있는 능력과 재능에 대해 믿고 감사하도록 가르쳐야 한다.

거짓된 칭찬보다는 차라리 격려를 하라

시험을 망쳐서 속상해하는 아이에게 "괜찮아. 잘했어."라고 한다면 아이는 부모가 솔직하지 못하다는 인상을 받을 수 있다. 그보다는 차라리 "엄마가 이렇게 속상한데, 너는 얼마나 실망했겠니. 하지만 기회가 또 있잖아. 포기하지 말고 잘해보자."라고 말하는 것이 더 효과적이다.

칭찬에는 따뜻한 마음이 담겨 있어야 한다. 감정이 없다면 형식에 그칠 수 있다. 거짓된 칭찬보다는 차라리 격려를 해서 아이의 마음을 보듬어주는 것이 더 낫다.

 ## 피그말리온효과

어떤 심리학자가 재미있는 실험을 했다. 학교 선생님에게 반에서 5명의 학생을 임의로 선택한 다음, 선택된 학생들에게만 일부러 계속해서 칭찬해 주라고 주문했다.

"요즘 너 공부하는 자세가 많이 좋아졌어! 질문도 많이 하고 말이야. 좋아, 계속 그렇게 하면 틀림없이 성적이 오를 거야, 내가 장담하지!"

선생님은 해당 학생에게 칭찬을 아끼지 않을 뿐만 아니라, 실제로 선생님 스스로도 해당 학생들의 태도가 좋아졌음을 믿도록 주문했다. 그런데 놀랍게도 얼마간의 기간이 흐른 후 그 학생들의 성적이 실제로 향상되었다는 것이다.

'믿는 대로 된다.' 심리학에서는 이러한 효과를 '피그말리온 효과(Pygmalion effect)'라고 부른다. 피그말리온은 그리스 신화에 나오는 키프로스 왕이다. 그는 왕궁에 있는 미녀 조각상을 보고 한눈에 반해, 마치 사람인 것처럼 조각상을 사랑했다. 그 모습을 보고 감동을 받은 신은 조각상에 생명을 불어넣었고, 마침내 조각상은 사람이 되었다.

믿어주고 칭찬해 주면 실제로 그렇게 된다. 그것이 바로 피그말리온 효과이다. 상대방을 인정해 주고 중요한 존재로 느끼게 만드는 힘, 이것이 바로 칭찬이다.

답을 유도하지 말고 스스로 생각하게 하라

한 어머니가 아이를 데리고 마을의 현자를 찾아갔다. 그러고는 현자에게 아이를 인정받고 싶은 마음에 아이에 관한 자랑을 늘어놓기 시작했다.

"우리 아이는 공부밖에 몰라요. 하루에도 몇 시간씩이나 책과 씨름을 합니다. 그래서 이제는 모르는 것이 없을 정도로 많은 지식을 가지고 있지요."

어머니는 아이의 자랑을 실컷 늘어놓고는 의기양양한 표정으로 현자의 답을 기다렸다.

"허허, 아깝게도 바보가 다 되었겠군."

한참 만에 입을 연 현자는 어머니가 기대한 답과는 전혀 다른 말을 했다. 어머니는 잘 이해가 되지 않는다는 표정으로 현자를 쳐다보았다.

"그렇게 지식을 얻는 일에만 골몰하고 있으니 무엇을 생각할 수 있는 여유가 없을 게 아니오. 그러니 바보가 될 수밖에."

탈무드에 나오는 이 이야기는 어린 시절의 사고력, 즉 생각하는 힘을 키워주는 것의 중요성을 일깨워준다. 생각하는 힘을 키우려면 정답을 가르치는 대신 정답을 찾아가는 방법을 가르쳐야 한다. 그러려면 먼저 엄마가 느긋해져야 한다. 아이에게 적절한 난이도의 질문을 던지고 아이가 그 답을 스스로 생각할 수 있도록 시간을 충분하게 주어야 한다. 답답한 마음에 힌트를 던져 준다거나 문제 푸는 요령을 가르쳐 주어서는 절대로 창의적인 생각을 할 수 없다. 창의력은 자기 능력의 한계를 넘어설 때 생겨나는 것이다. 아이가 스스로 해결해 낸 것을 대견해하고, 계속 훈련하면 결국 생각하는 힘을 통해 창의력이 발전하게 된다.

생각하는 경험을 하게 하라

"모든 지식과 정보는 공짜가 될 것이다." 인터넷 백과사전의 창업자인 지미 웨일스의 예언이다. 실제로 "모르면 인터넷에 물어봐."라는 말이 공공연하게 나올 정도로 이제 인터넷에서는 대부분의 정보와 지식을 구할 수 있다. 물론 정보의 옳고 그름을 판단하는 기준은 사용자 자신이 갖추어야 할 문제로 남아 있지만, 최소한 지식과 정보를 비싼 돈을 들여가며 구할 필요는 없어진 셈이다.

이처럼 모든 지식과 정보가 다 공짜면 사람들은 동일한 조건에서 경쟁할 수 있게 된다. 그렇다면 결국 주어진 정보와 지식들을 이용하여 누가 더 새롭고 기발한 정보와 지식을 재창출해내는지가 관건이다.

주어진 정보를 응용하고 창의적인 생각을 해내기 위해서 사고력은 필수이다. 생각하는 힘이 부족한데 그것이 응용으로 이어질 리가 없으니 말이다. 따라서 언제나 "왜?"라는 의문을 품고 문제를 다양한 시각에서 바라보아야 한다.

어린 시절에 생각하는 경험을 많이 쌓을수록 사고력도 커진다. 아이가 생각하는 경험을 갖게 하려면 우선 우리 주변에서 일어나는 모든 현상에 대해 "왜?"라는 의문을 품게 하는 것이 중요하다. 생각하는 힘은 "왜?"라는 질문에서 시작되기 때문이다. 땀이 나는 것을 보며, 머리카락이 바람에 휘날리는 것을 보며, 빨래가 마르는 것을 보며 "왜 그럴까?"를 아이에게 물어야 한다. 생활하면서 접하는 아주 사소한 것이라 할지라도, 아이에게 "왜?"라고 묻는 데서 아이 스스로 생각할 수 있는 바탕이 마련된다.

반면, 아이가 먼저 "왜?"라고 물어오는 경우가 있다. 예컨대 아이가 "해는 왜 낮에만 있어요?", "지구는 왜 둥글어요?"라는 질문을 던져오면 바로 답을 해주기보다는 "왜 그것이 궁금해졌니?", "너는 어떻게 생각하니?" 하고 아이의 생각을 물어야 한다. 부모는 아이의 궁금증을 해결해주는 것이 아니라 스스로 풀 수 있도록 도와줘야 한다.

아이가 제 나름의 답을 말하면 그 답에 대한 근거도 반드시 말해보게 한다. 즉, "왜 그렇게 생각하니?"를 물어야 한다. 의외로 아이들은 부모가 질문을 하기 전에 자기 나름의 답을 생각해 둔다. 그런데 부모가 먼저 대답을 해주면 자신이 생각한 것은 옳지 않고 틀렸다고 생각하게 된다. 그러다 보면 자신감이 없어져 늘 부모가 대답해주기를 바라게 된다.

대답 잘하는 부모가 아니라 질문 잘하는 부모가 되라

아이의 사고력을 키우고 창의두뇌를 만들려면 대답 잘하는 부모가 아니라 질문 잘하는 부모가 되어야 한다. 부모는 다양한 질문을 해서 아이 스스로 생각해 답을 말하도록 해야 한다. 이러한 질문에 답을 하면서 아이는 사고력뿐만 아니라 표현력도 함께 향상된다.

이때, 질문의 목적은 아이가 얼마나 정확한 답을 말하느냐에 있는 것이 아니다. 답이 정확하지 않거나 틀린 답이라 할지라도 아이 스스로 사고하여 답을 끌어내었다는 것이 중요하다. 답보다 중요한 것은 "얼마나 깊이 있고 입체적으로 사고할 수 있느냐"이다.

한편, 창의적인 사고력을 키우려면 책을 읽은 뒤 "너라면 어떻게 하겠니?"라는 질문을 해보는 것도 좋다. 이를 활용해 부모가 아이와 함께 토의하면 생각 키우기 훈련 효과를 높일 수 있다.

제5장
창의두뇌를 만드는 놀이공부

아이들은 하루 종일 놀면서 하나씩 배운다.
놀이가 생활이자 곧 배움이다. 놀이로 세상을 알고 창의력을 키운다.
특히 7세 이전에 오감자극과 다중지능 계발 놀이로 창의두뇌가 완성된다.
즉 잘 노는 아이가 창의력이 발달하고, 공부도 잘하고, 성공한다.

노는 아이가 성공한다

아이들은 하루 종일 놀이를 한다. 장난감 통을 와르르 쏟아 고장 난 로봇들까지 꺼내 대전투를 벌이기도 하고, 또 어느 날은 흙을 파서 굴을 만들어 놓고 그 속에 물을 부어 옷을 더럽혀 오기도 한다.

하지만 그렇다고 해서 "저렇게 매일 놀기만 하면 공부는 언제 해?"라며 한숨지을 필요는 없다. 온종일 웃으며 뛰어노는 아이들에게 놀이란 사회정서의 발달과 건강한 신체발달에 중요한 영향을 미치는 자양분인 동시에 배움의 과정이기도 하니 말이다. 로봇들을 이용해 아이들은 편을 가르기도 하고, 협동을 하기도 하는 등 인간의 상호관계성을 배운다. 흙을 파는 놀이를 하면서 흙의 질감과 형태 만들기를 배우며, 또 물을 부어봄으로써 흙이 물을 흡수한다는 사실을 깨닫게 된다. 이처럼 어린아이들에게 놀이 시간과 공부 시간을 구분한다는 것 자체가 어찌 보면 무의미한 일이다.

놀이의 사전적 의미는 "즐거움을 얻기 위하여 자발적으로 행하는 모든 활동"이다. 아이들이 노는 것을 보면 이 말은 쉽게 이해가 된다. 아이들은 "놀이가 공부다, 사교활동이다"라는 생각보다는 그저 즐거움과 기쁨을 얻고 만족감을 느끼기 위해서 놀이를 한다. 그야말로 놀이를 통해 즐겁게 배우고, 사교활동을 하는 것이다.

즐겁게 잘 노는 것은 어른이 되어서도 중요한 일이 되었다. 최근 삼성경제연구소에서 실시한 조사에 따르면 최고경영자 95퍼센트가 "잘 노는 것이 경영에 도움이 된다."고 응답했다고 한다. 또 "인재를 채용할 때 잘 노는 사람을 선호한다."는 대답이 77퍼센트를 차지했다. 결국 잘 노는 사람이 인재라는 뜻이다. 그렇다면 왜 최고 경영자들은 잘 노는 사람을 인재로 받아들일까. 그 이유는 바로 "풍부한 놀이 경험이 창의성을 높여준다."고 생각하기 때문이다.

생각해 보라. 가만히 책상에 앉아서 연구만 하는 모범생은 틀에 박힌 공식에서 쉽게 벗어나지 못한다. 반면, 잘 노는 사람은 남들이 해보지 못한 새롭고 다양한 경험을 많이 하는 편이다. 이런 경험은 다양한 생각과 아이디어를 창출해 낼 수 있어서 회사에 큰 이익을 주게 된다.

책상에 앉아 열심히 공부만 하는 정적인 아이는 이제 환영받지 못한다. 그러니 아이에게 "놀지 말고 공부해."라고 닦달하지 말자. 놀이 자체가 성장이고 공부이니 오히려 '잘' 노는 방법을 가르쳐 주는 것이 훨씬 지혜롭다. 노벨물리학상 수상자인 리처드 페이먼도 어린 시절 지하실에서 온갖 잡동사니를 가지고 놀았던 경험이 노벨상을 수상하는 밑거름이 되었다고 말했다. 그뿐만 아니다. 놀이의 중요성과 교육적 효과는 실제로 많은 학자가 증명한 바 있다. 빅터(Victor)와 밀드리드 괴르첼(Mildred Goertzel)이란 두 학자는 "성공한 사람 413명의 일생에 대한 문화, 사회학적 고찰"이란 주제로 연구를 한 적이 있다. 작가, 작곡가, 화가, 과학자 등 성공한 사람 413명의 공통점 중 하나로 그들은 어린 시절에 놀이를 아주 좋아했고, 또 부모들이 놀이를 적극적으로 권유하며 격려했다는 사실을 알아냈다.

유아기, 놀이를 통해 뇌를 발달시켜라

머리가 좋다, 나쁘다는 신경세포 회로가 얼마나 치밀하게 구성되어 있느냐에 따라 결정된다. 이 신경세포 회로가 사람의 일평생 중에서 3세까지 가장 활발하게 발달한다. 따라서 가급적 3세 이전에는 다양한 정보를 접하도록 하는 것이 좋다. 그리고 이 정보는 '공부'를 통해서 얻는 것이 아니라 '놀이'를 통해서 자연스럽게 받아들일 수 있도록 해야 한다.

아직까지 제대로 말을 할 수 없는 3세 미만의 아이들은 당연히 대화를 통한 정보습득이 어려워 신체활동을 통해 문제를 받아들이고 해결하려고 한다. 그렇기 때문에 직접적인 정보를 제공하는 것보다 아이의 연령에 맞는 놀이 도구를 주면서 놀게 해야 한다. 이렇게 나이에 맞는 놀이를 할 때 아이들의 두뇌발달이 활발해져 사고를 다양하게 할 수 있고 창의력이 발달되기 때문이다.

이때 주의해야 할 것이 바로 혼자만의 놀이가 아닌, 상호작용할 수 있는 놀이여야 한다는 점이다. 아무리 자신의 연령에 맞는 훌륭한 교구재라 할지라도 그것이 혼자만의 놀이라면 뇌 발달의 불균형을 초래할 수 있기 때문이다.

한편, 부모가 아이와 함께 놀 때는 스킨십도 매우 중요하다. 스킨십은 두뇌발달에 많은 도움을 준다. 왜냐하면 자극에 민감한 피부에 가장 많은 신경세포 회로가 뇌와 연결되어 있기 때문이다. 그래서 스킨십을 많이 하면 할수록 아이들의 정서안정뿐만 아니라 두뇌발달에 도움이 된다. 부모의 사랑이 듬뿍 담긴 스킨십, 즉 많이 안아주고, 업어주고, 만져주는 것이 극성스럽게 조기교육을 하는 것보다 훨씬 낫다는 말이다.

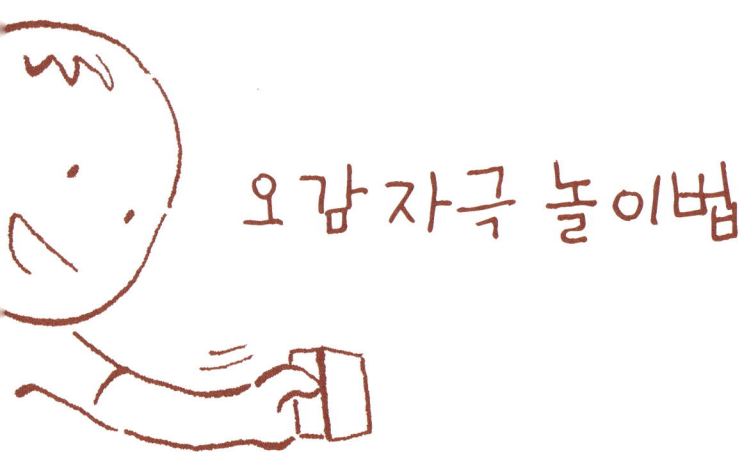

오감자극 놀이법

 이제는 머리가 똑똑하고 학교 성적이 좋은 사람보다 자신이 아는 것을 창의적으로 활용하고 표현할 수 있는 능력이 있는 사람이 인정받는다. 즉, 창의력이 인재의 가장 중요한 조건이 된 것이다. 그런데 창의력은 책만 열심히 본다고 발달되는 게 아니다. 아이들의 창의력은 어릴 때부터 오감자극으로 길러진다. 만지고, 보고, 냄새를 맡고, 맛을 보고, 듣는 감각이 발달하면 할수록 아이들은 지금껏 겪어보지 못한 다양한 세계를 경험할 수 있다.

 인간은 오감을 통하여 뇌가 발달한다. 달달 외우는 공부가 아닌, 손가락 끝에서 전해지는 느낌, 코로 맡는 냄새 등이 뇌를 더 튼튼하고 야무지게 발달시킨다. 오감을 많이 이용하여 생각하고 느끼는 연습을 많이 한 아이일수록 다양한 시각에서 문제를 해결하려는 능력이 높아진다. 이뿐만 아니다. 오감, 즉 다양한 감각을 활용하기 때문에 사물을 보고 판단하는 능력 또한 발달해서 사고력과 창의력이 향상된다. 그래서 오감을 골고루 자극하는 오감교육이 바로 두뇌발달 교육인 셈이다. 또 오감자극은 풍부한 감성을 가지게 하는데도 많은 도움을 준다. 오감이 풍부한 아이들은 정서, 사회성, 창의력이 발달할 수밖에 없으며 무엇보다 자신감이 넘치는 아이로 클 것이다.

그렇다면 아이들의 오감을 자극하는 놀이에는 무엇이 있을까? 먼저 손을 사용해 보자. 뇌에서 가장 넓은 면적을 차지하는 것은 손을 관할하는 부위이다. 그만큼 손을 움직이는 놀이를 많이 하면 뇌에 자극을 많이 주기 때문에 두뇌 계발에 도움이 된다. 특히 두세 살부터 손가락의 움직임을 발달시켜 주는 '소근육' 운동은 두뇌 발달에 좋은 자극이 된다.

말랑말랑 두부놀이

| 놀이방법 |

:: 두부, 수채화 물감, 양푼, 플라스틱 칼, 양초, 플라스틱 접시를 준비한다.
:: 두부의 생김새, 맛, 촉감 등 여러 가지로 느껴본다.
:: 케이크 용 칼을 이용하여 여러 가지 모양으로 두부를 자른다.
:: 자른 두부를 큰 그릇에 담아 반죽을 하면서 두부의 질감을 느낄 수 있도록 한다.
:: 반죽한 두부를 적당한 크기의 여러 그릇에 나누어서 담는다.

:: 처음에는 두부에 한 가지 색으로만 반죽을 하고 나중에는 여러 가지 색의 물감을 넣으면서 색이 혼합되는 과정을 살펴보고 색깔에 대해서 알아본다.
:: 바닥에 두꺼운 비닐을 넓게 펴고 그 위에 자른 두부를 올려놓는다.
:: 맨발로 올라가 두부를 밟으면서 춤추고 노래를 부른다.

놀이효과

:: 음식은 아이들에게 가장 흥미를 줄 수 있는 좋은 재료이다.
:: 음식을 이용한 놀이는 아이들에게 다양한 감각적 자극을 경험하게 해준다.
:: 두부나 도구를 탐색하면서 과학적인 기초가 발달하게 되고 활동을 하면서 다양하고 창의적인 아이디어를 유도할 수 있다.
:: 소근육과 촉각 발달, 색 혼합 경험을 통해 색인지 발달을 이루게 된다.

색깔놀이

놀이방법

:: 색종이나 셀로판지를 준비한다. 색종이를 흔들어보고, 냄새도 맡아보고, 손으로 쳐보기도 하며 탐색한다.
:: 색깔 인지 능력을 기르기 위해 기본 색상의 색종이를 준비하여 색깔에 대해 알아본다.
:: 여러 가지 사물의 카드나 실물을 보고 색종이의 색깔과 같은 색을 찾아보는 놀이를 한다.
:: 아이가 색깔 인지에 관심을 가질 수 있도록 반복한다.
:: 색종이를 천천히 찢기, 빠르게 찢기, 친구와 함께 찢기 등 자유롭

게 찢으면서 놀이를 한다.
:: "하나, 둘, 셋"에 찢고, "그만!" 이라는 말에 멈추기 등 엄마의 재미있는 신호음에 따라 찢고 멈추는 놀이를 한다.
:: 놀이를 할 때 아이의 활동을 칭찬해 준다. 예를 들어, "색종이를 아주 예쁘게 잘 붙였구나. 정말 잘했어!", 혹은 "빨간 색종이를 이렇게 길게 붙였네. 너무 멋져!" 라고 칭찬을 해준다.

| 놀이효과 |
:: 색깔놀이 활동은 색종이를 이용하여 기본색을 알 수 있도록 하는 활동이다.
:: 단순히 색깔의 이름을 암기하는 방법이 아니라 아이들이 잘 알고 있는 그림이 그려진 두 장 이상의 카드를 가지고 같은 것을 찾는 매칭 활동 놀이다.
:: 아이들의 시각, 청각, 촉각, 후각을 이용하여 즐거움을 느끼고 자연스럽게 색깔에 대해 관심을 가질 수 있도록 도와주는 놀이다.

풍선놀이

| 놀이방법 |

:: 다양한 색깔의 풍선을 준비한 다음 무슨 색깔인지, 풍선을 만졌을 때 느낌이 어떤지 이야기해본다.
:: 풍선을 분 다음 바람을 조금씩 빼면서 소리를 들어보거나 아이 얼굴에 대고 조금씩 바람을 뺀다.
:: 풍선을 조금만 불어서 묶은 다음, 손으로 주물러 본다. 손가락으로 누르거나 손바닥에 놓고 비비면서 풍선이 변하는 모양을 살펴보고 소리도 들어본다.

:: 투명한 풍선에 잘게 자른 여러 색의 색종이나 빨대 조각들, 콩을 넣은 다음 풍선을 크게 불어 묶은 뒤 흔들거나 굴려본다. 이때 색종이나 빨대 조각들이 흩어지면서 소리가 나는 것을 볼 수 있다.

| 놀 이 효 과 |

:: 풍선놀이를 통해 촉각을 자극받고 호기심을 자극하여 집중력이 향상된다.
:: 바람의 세기에 따라 소리가 다름을 인식하여 청각이 발달된다.

악기놀이

| 놀이방법 |

:: 탬버린, 실로폰, 피아노 등 악기를 탐색해 본다. 악기를 직접 연주해 보면 어떤 소리가 나는지 알아본다.
:: 아이의 등 뒤에서 악기 소리를 내면서 아이에게 악기 이름을 맞히게 한다. 서로 역할을 바꾸어본다.
:: 입으로 악기 소리를 흉내 내거나 빈 캔과 상자 등 재활용품을 활용해 악기도 만들어 본다.
:: "손뼉 치고 손뼉 치고 짝짝짝! 손뼉 치고 손뼉 치고 짝짝짝~" 노래를 불러본다. '손뼉 치고' 부분을 '탬버린'으로, '짝짝짝' 부분을 '찰찰찰'로 바꾸어서 노래를 불러본다.

| 놀 이 효 과 |

:: 청각과 표현력, 리듬감이 발달하게 된다.

다중지능 놀이법

저마다 타고난 생김새가 다르듯 모든 아이는 타고난 재능도 다르다. 인지심리학자인 하워드 가드너는 다중지능이론을 통해 모든 인간은 여덟 가지 지능, 즉 언어지능, 논리수학지능, 시각공간지능, 개인이해지능, 대인관계지능, 음악지능, 신체운동지능, 자연탐구지능에 대한 잠재된 능력을 지니고 태어난다고 말했다. 그런데 이 다중지능은 유전인자나 조기 경험의 영향으로 조금 더 발달하는 영역도 있고, 덜 발달하는 영역도 있다고 한다. 게다가 아예 겉으로 드러나지 않고 잠재되어 있는 영역도 있다. 그래서 미처 계발되지 못한 아이의 잠재된 영역까지 고루 살려내는 것이 '다중지능 놀이법'의 목적이다.

이러한 잠재된 능력은 "무조건 해!"라는 식의 강압적 분위기에서는 발휘되기 힘들다. 스스로 행동하고 능력을 발휘할 수 있는 환경을 만들어 주어야만 미처 계발되지 못한 영역의 지능이 샘물이 솟아나듯 분출될 수 있다. 영유아기의 아이들은 특별한 재능에 집중하여 교육하는 것보다 8가지 지능을 골고루 자극해 주는 것이 중요하다.

아이의 다중지능을 계발하려면 생활 속에서 놀이로 자극을 해주고, 놀이로 행복감과 성취감을 느끼게 해주어야 한다. 이처럼 아이의 모든 영역의 지능을 균형 있게 계발시킬 수 있는 다중지능 놀이법은 다음과 같다.

언어지능 놀이법

언어지능이란 단어로 생각하고, 언어를 이용해 복잡한 의미를 표현하고 이해하는 능력을 말한다. 즉 단어의 소리, 리듬, 의미에 대한 감수성이나 언어의 다른 기능에 대한 민감성 등과 관련된 능력이다. 언어적 지능이 높은 사람은 토론 학습 시간에 두각을 나타내며, 유머나 말 잇기 게임, 낱말 맞추기 등을 잘한다.

동화책 놀이

| 놀이방법 |

:: 아이와 함께 책을 읽은 후 느낌을 이야기한다.
:: 책의 주인공을 아이로 바꾸어서 다시 한 번 책을 읽어 준 다음에

느낌이 어떤지 이야기한다.
:: 아이와 가까이 있는 가족이나 친구를 책의 주인공으로 바꾸어서 이야기한다.

| 놀 이 효 과 |
:: 아이의 어휘력을 높이고 상상력을 자극하면서 언어지능을 자극시킬 수 있다.

동요와 동시는 내 친구

| 놀이방법 |

:: 아이에게 친숙한 동요를 같이 불러보거나 친근함을 느낄 수 있는 동시를 읽어준다.
:: 동요는 부르다가 한 소절 끝날 때마다 아이가 좋아하는 의성어를 붙여가면서 불러보거나, 가사에 'ㄹ'이나, 'ㅇ' 등의 자음을 붙여서 불러보게 한다.
:: 동시를 읽을 때는 중간 중간에 아이가 상상해서 동시를 지어보게 한다.

| 놀 이 효 과 |
:: 놀이는 단순하지만 호기심과 상상력을 자극한다.
:: 상황에 맞는 다양한 어휘 사용으로 창의력도 길러준다.

논리수학지능 놀이법

논리수학지능이란 논리적인 문제나 방정식을 풀어가는 정신적 과정에 관한 능력이다. 논리수학지능이 높은 사람일수록 추론을 잘 이끌어 내며, 체계적이고 과학적으로 문제를 해결하는 능력이 탁월하다.

밀가루 놀이

| 놀이방법 |

:: 밀가루 반죽을 굴려보고 반죽을 반으로, 두세 덩어리로 떼어내는 놀이를 한다.
:: 여러 덩어리에 노란색, 파란색, 빨간색 등 식용색소를 넣는다. 각각의 색이 제대로 만들어지는지 살펴본 후, 염색된 덩어리들을 함께 섞으면 어떤 색으로 변할지 미리 예측하게 한다. 그런 다음에 밀가루 덩어리들을 섞은 후 색깔에 대해서 이야기를 나눈다.

> **놀 이 효 과**
> :: 밀가루 반죽을 떼어내고 색 입히기 놀이를 통해 분할 개념과 색깔 예측하기 등 논리수학적 개념이 발달한다.

데굴데굴 굴러요

| 놀이방법 |

:: 집에 있는 여러 물건들을 가지고 굴려본다.
:: 어떤 물건이 가장 멀리 굴러갈지, 혹은 가장 가까이 굴러갈지 등에 대해서 미리 예측해본 후 경사로를 만들어서 굴려본다.
:: 구르는 물건끼리, 미끄러지는 물건끼리 다양하게 굴려보는 놀이를 한다.
:: 구르는 물건과 구르지 않는 물건, 미끄러지는 물건과 미끄러지지 않는 물건을 분류한다.
:: 각각의 물건이 보여주는 차이가 왜 나는지를 관찰한다.

> 놀 이 효 과
> :: 각각의 차이에 대한 이해능력과 구분능력이 갖추어져 논리수학적 지능이 길러진다.

시각공간지능 놀이법

시각공간지능은 일차원적인 사고가 아니라 삼차원적으로 사고하여 사물이나 공간에 대한 생각을 풍부하게 해준다. 그리고 상상력을 발휘하여 아이의 생각과 경험을 재창조하는 능력을 키워준다. 시각공간지능이 높은 아이는 시공간적 아이디어들을 지도와 그림, 도표 등으로 잘 나타내고 그림 그리기와 만들기 등을 좋아한다.

미술관 놀이

| 놀이방법 |

:: 아이와 함께 미술품이나 조각상 등을 보면서 작품의 느낌이 어떤지, 색상은 어떤지, 무엇을 표현하는지 등에 대해서 이야기를 나눈다.
:: 아이가 보고 있는 작품의 제목을 정해보기도 하고 조각상과 같은 자세를 취해보는 놀이도 한다.
:: 물에 젖은 모래를 이용해 조각 작품을 만들어보는 것도 좋다.

> **놀이효과**
> :: 미술품과 조각상 등은 시각공간지능을 자극하는 좋은 놀이다.
> :: 그림에 의해 생각하고 시각 세계를 정확히 인식하는 능력을 길러준다.

퍼즐 맞추기

| 놀이방법 |

:: 과자포장 박스, 잡지, 광고지, 달력 등에서 그림들을 오린다.
:: 오리기 전에 그림들을 충분히 보여줘서 아이가 기억할 수 있도록 한다.
:: 두께가 얇은 그림들은 두꺼운 종이에 붙여서 그림대로 오린다.
:: 처음에는 큰 조각으로 잘라서 퍼즐을 맞춰보고 익숙해지면 좀 더 작은 조각으로 잘라서 맞춰본다.

놀 이 효 과
:: 퍼즐은 숫자와 글자를 학습하기 전에 필요한 모양인지 능력을 길러준다.
:: 기억력을 높여주고 공간능력을 길러주는 놀이다.

개인이해지능 놀이법

개인이해지능이란 자아에 대해 생각하는 지능을 말한다. 자신의 감정을 이해하기, 어떤 사물에 대해 자신이 어떻게 느끼는지를 알기, 자신의 욕구와 목표 등에 적절한 방식으로 행동하기, 대인 관계에서 자아를 스스로 조절하여 행동하기 등이 개인이해지능의 영역이다. 이렇게 개인이해지능이 높은 사람은 자기 존중감과 문제해결 능력이 높다.

난 할 수 있어요

| 놀이방법 |

:: 엄마를 도와줄 수 있는 일을 계획하거나 자기가 스스로 할 수 있는 일을 계획한다.
:: 계획을 세우는 것만으로 그치는 것이 아니라 실천하기 위해서는 무엇을 준비해야 되는지 알아본다.
:: 부모는 아이가 실천을 잘하고 있는지에 대해서 대화하고, 실천을 잘했을 경우에는 칭찬을 해준다. 비록 실천을 잘하지 못했더라도 격려를 해줘서 아이가 자신감을 잃지 않도록 배려해 준다.

놀 이 효 과
:: 이런 과정에서 아이는 스스로 미래를 계획하고 실천하는 능력을 기르게 된다.
:: 이때 부모는 아이가 좋아하는 것에 함께 관심과 흥미를 갖고, 아이의 의사를 존중해 주며 자신감과 행복감을 느끼도록 도와주어야 한다.

대인관계지능 놀이법

대인관계지능이란 내가 아닌 다른 사람에 대해서 생각하고 이해하며 타인과 관계를 맺는 능력이다. 타인에 대해 공감하고, 타인의 특징을 잘 알아보고, 타인의 동기나 분위기 그리고 의도를 고려하여 타인의 관점을 인식하는 능력을 말한다. 대인관계지능이 높은 사람은 친구들을 많이 사귀고, 친구 관계에서 중심적인 위치에 있다.

역할놀이

| 놀이방법 |

:: 시장, 마트, 병원 등에서 일하는 사람들은 어떤 일을 하는지, 우리에게 어떤 도움을 주는지에 대해서 아이가 느끼고 경험 했던 것을 대화로 알아본다.
:: 집에 있는 물건들을 이용하여 가게놀이, 시장놀이, 미용실놀이, 병원놀이, 은행놀이 등 역할놀이를 한다.
:: 역할을 서로 바꾸어 가면서 놀이를 반복해 본다.

놀 이 효 과

:: 아이들은 모방하고 흉내 내기를 좋아하는데, 생활 속에서 경험한 것을 토대로 역할놀이를 하면서 간접체험을 하게 된다.
:: 이때 흉내 내는 대상의 편에서 생각하기 때문에 그 대상에 대해 관심을 가지게 되고, 관계를 맺게 된다.
:: 역할놀이를 하면서 아이들은 서로를 존중하고 이해하며 규칙을 익히게 되어 대인관계지능을 발달시킨다.

다른 나라 이해하기

|놀이방법|

:: 친구들과 함께 우리나라와 가까이 있는 나라들에 대해서 이야기를 해보고 직접 지도로 찾아본다.
:: 나라의 위치는 어디에 있는지, 국기는 어떻게 생겼는지, 그 나라 인사말은 어떤지 등에 대해서 알아본다. 그리고 친구들과 이야기도 나누며 다른 나라에 대해 이해하는 시간을 갖는다.

놀 이 효 과
:: 게임이나 윷놀이 등 여럿이 하는 게임은 규칙을 익히고 선의의 경쟁을 체험하게 하는 놀이로써 대인관계를 넓히는 계기가 된다.

음악지능 놀이법

음악지능이란 음악적인 형식의 자극을 지각하고, 변별하고, 전환하고, 표현할 줄 아는 능력이다. 음악적인 지능이 뛰어난 사람은 소리, 리듬, 가락, 진동 같은 음의 세계에 민감하다. 그리고 사람의 목소리 같은 언어적인 형태의 소리뿐만 아니라 발소리 같은 비언어적 소리에도 예민하다. 다양하고 풍부한 소리와 양질의 음악이 가득한 환경을 만들어 주면 아이의 음악지능이 더욱 잘 계발될 수 있다.

나는 물컵 연주가

| 놀이방법 |

:: 똑같은 유리병을 여러 개 준비하고 자유롭게 각각 다른 양의 물을 유리병에 넣는다.
:: 숟가락이나 실로폰 채로 유리병을 두드려 보고 소리가 어떤지 이야기한다.
:: 차례대로 물의 양을 조절하여 부은 다음 숟가락이나 실로폰 채로 소리를 내면서 노래를 연주한다.
:: 이 밖에도 집에서 쉽게 구할 수 있는 오래된 냄비, PET병 등 깨지지 않는 도구들을 활용하여 막대로 두들기며 난타놀이도 해본다.

놀 이 효 과
:: 아이가 스스로 물의 양을 조절할 수 있도록 하는데, 이는 자연스럽게 음의 높낮이와 음계를 익힐 수 있게 된다.

흉내 내봐요

| 놀이방법 |

:: 동물 소리, 사물 소리, 행진곡 등 다양한 음악을 틀어주고 어떤 동물인지, 어떤 사물인지, 어떤 음악인지 아이와 함께 대화를 나눈다.
:: 일어나서 음악에 맞춰 동물 흉내 내기, 사물 흉내 내기, 행진 해보기 등을 하면서 신체를 움직여 본다. 부모와 아이가 번갈아 가면서 흉내 내고 따라한다.
:: 아이가 소리의 다양성을 느낄 수 있도록 집에서 나는 여러 소리를 많이 들려준다. 전화 소리, 세탁기 소리, 청소기 소리, 수돗물 소리 등 다양한 소리를 들려준 후 느낌이 어떤지 이야기 해보고 소리를 흉내 내보는 것도 좋다.

> **놀이효과**
> :: 다양하고 풍부한 소리와 양질의 음악을 경험할 수 있는 환경은 아이의 음악지능 계발에 도움이 된다.

신체운동지능 놀이법

신체운동지능이란 신체 전체나 신체의 각 부분을 사용하여 표현하는 활동과 손을 이용해 어떤 것을 만들거나 바꾸는 능력을 말한다. 신체운동지능이 높은 사람은 생각이나 느낌을 글이나 그림보다는 몸동작으로 표현하는 능력이 뛰어나고 몸의 균형 감각이 발달되어 있다. 그래서 다른 아이들에 비해 특히 운동성이 필요한 분야에서 두각을 나타낸다.

아이의 신체운동지능을 발달시키는 가장 좋은 방법은 부모와 함께하는 것이다. 중요한 것은 부모가 먼저 모범을 보이면서 운동의 긍정적인 효과를 자연스럽게 일깨워 주는 것이다.

신문지 뚫기

| 놀이방법 |

:: 집에서 다 본 신문지를 가지고 활용하는 놀이로, 신문지를 만졌을 때 느낌이나 냄새는 어떤지에 대해서 이야기를 나눈다.
:: 신문지를 펼쳐서 글자나 숫자, 그림 찾기 놀이를 한다. 처음에는 아이와 같이 찾다가 점차 번갈아 가면서 찾기 놀이를 한다.
:: 부모가 신문지를 펴서 양손으로 신문지를 잡은 후 아이에게 주먹을 쥐고 신문지를 뚫어보게 한다. 익숙하면 두 장, 석 장씩 늘려가면서 뚫어보게 한다. 그리고 아이와 부모가 역할을 바꾸어서 해본다.
:: 이번에는 신문지를 뭉쳐 공처럼 만들어 적당한 거리에서 통에 던져 넣는다. 이때 누가 더 많이 넣었는지, 얼마나 넣었는지 비교한다.
:: 뭉쳐진 신문지로 볼링핀이나 가벼운 물건들을 세워놓고 적당한 거리에서 맞춰본다.

> **놀 이 효 과**
>
> :: 신문지 뜷기와 신문지 뭉치놀이는 몸의 균형감각과 신체조절 능력을 키워준다.

그림자 놀이

| 놀이방법 |

:: 방의 불을 끄고 인형을 상자나 탁자에 올려놓은 다음 손전등으로 빛을 비춘다.

:: 손전등을 인형 가까이에 비추면 벽의 그림자가 어떻게 되는지, 손전등을 인형 멀리 비추면 벽의 그림자가 어떻게 되는지를 탐구해 본다.

:: 반대로 손전등을 상자나 탁자에 올려놓은 다음 인형을 손전등에 가까이 또는 멀리 비추어서 그림자가 어떻게 되었는지 비교해 본다.

:: 야외에 나가서 가족이나 친구들과 그림자밟기 놀이를 해도 좋다. 노래를 부르면서 상대방의 그림자를 밟다가 술래가 "그만!" 하면 멈춘다. 이때 그림자를 밟히지 않고 남은 사람이 이긴다.

> **놀 이 효 과**
>
> :: 손과 손가락을 이용한 놀이는 손 근육발달을 도와 신체운동지능 계발에 도움을 준다.
>
> :: 아이는 사물을 세심하게 관찰할 것이고 이를 세밀하게 표현하는 방법도 배워나간다.

자연탐구지능 놀이법

자연탐구지능은 자연현상에 대해 이해하고 분류하는 능력이다. 자연탐구지능이 높은 사람은 살아 있는 생물과 교감하거나 다른 사람들보다 상호작용이 뛰어나다. 그리고 생물과 자연의 힘에 대해 잘 알게 된다.

자연과 함께하기

| 놀이방법 |

:: 아이와 공원이나 숲으로 산책을 나가서 자연의 소리 들어보기, 꽃이나 나무 관찰하기, 나무를 두 팔로 감싸 안고 한쪽 귀를 갖다 대고 조용히 소리 듣기 등을 한다. 이때 기분이 어떤지와 자연이 우리에게 얼마나 소중한지에 대해서 이야기를 나눈다.

:: 신발을 벗고 양말만 신은 채로 풀숲이나 들판을 걸어보면서 자연을 경험한다.

:: 이 밖에도 아이 스스로 씨앗을 심고 식물을 키워보며 자연물을 관찰한다.

> **놀이효과**
> :: 식물의 성장이나 변화를 경험한 아이는 생물의 세세한 특징에 대해 관심을 기울이게 되고 자연을 사랑하는 아이로 성장하게 될 것이다.
> :: 주변 사물의 변화 등에 대한 관찰력이 발달한다.

창의력 계발 놀이법

　　창의력은 생각이 날개를 달 때라야 비로소 발휘되는 능력이다. 그런데 생각이 날개를 달기 위해서는 무엇보다도 자유롭게 상상할 수 있는 분위기를 만들어주어야 한다. 아이들은 평소에 놀이에 집중하다가 쉬다가, 다시 놀기를 반복하는 등 자유로운 분위기 속에서 창의력을 키워 나간다.

　　자유롭게 보고, 듣고, 냄새 맡고, 느끼고, 만짐으로써 상상의 날개가 펼쳐지는 것이다. 따라서 창의력이 풍부한 아이로 키우고 싶다면 가장 먼저 아이에게 자유롭게 놀 수 있는 놀이시간과 분위기를 만들어주어야 한다.

　　한편, 놀이가 단순한 오락이 아닌 공부가 되기 위해서는 적절한 피드백이 필수적이다. 부모는 아이의 작은 감탄에도 맞장구를 쳐주며, 아이의 생각이 다음 단계로 뻗어나갈 수 있는 발판을 만들어주어야 한다. 아이들은 자신이 발견하고 느낀 것이 가치 있는 일이라고 인정해주면 더욱더 호기심을 가지고 세상을 배우려 한다. 하지만 상대의 피드백이 없다면 아무리 창의적인 아이라 할지라도 오래 가지 않아 놀이에 흥미를 잃고 시들해진다. 아이들은 작은 일에도 쉽게 감탄하고 흥분하기 때문에 가장 가까이 있는 부모들이 함께 감동을 해줌으로써 아이들의 흥을 더 북돋을 수 있다.

이처럼 일상에서 부모가 '창의력 기르기'를 할 수 있는 환경을 만들었다면 이제 '창의력 키우기 놀이'를 통해 좀 더 짜임새 있게 아이의 창의력을 키워보자.

스카프 놀이

| 놀이방법 |

:: 바닥에 스카프를 펴고 그 위에 아이를 올려놓는다.
:: 스카프의 부드러운 촉감을 느끼게 하면서 엄마가 느낌을 이야기해준다.
:: 아이를 엎드리게 한 후, 스카프를 천천히 잡아당기면서 끌다가 멈추기를 반복한다.
:: 투명한 스카프인 경우, 엄마나 아이 머리 위에 스카프를 올려놓고 "엄마 어디 있지?" 하고 묻고는 다시 스카프를 벗기면서 "엄마 여기 있다!"를 반복하며 놀이를 한다. 이

과정을 엄마와 아이가 서로 술래를 바꾸듯 돌아가면서 한다.

놀이효과
:: 스카프를 만지면서 아이의 촉각과 정서가 발달된다.

블록상자에 물건 넣기

놀이방법

:: 내부가 비어 있는 블록상자와 다양한 물건들을 준비한다.
:: 집에 있는 다양한 물건들을 블록상자 안에 넣었다 뺐다를 반복하며 놀이를 한다.
:: 바닥에 물건을 놓고 블록상자로 덮었다 열었다 반복하면서 놀이를 한다. 그러면서 상자를 덮으며 "없다!", 상자를 열며 "있다!"를 외치게 한다.

놀이효과
:: 블록상자를 탐색하고 활동하면서 집중력이 높아지고 눈과 손이 서로 반응하는 협응력이 발달한다. 그뿐만 아니라 물건이 눈앞에서 사라져도 존재한다는 것을 알게 되는 대상 연속성도 발달하게 된다.

자동차 밀기

놀이방법

:: 엄마는 한 손으로 유아용 자동차를 잡고, 다른 한 손으로 아이의 손을 잡고 옆에 서게 한다.
:: 엄마는 아이의 한쪽 손을 잡고 "자동차가 가네. 빵빵! 같이 가

:: 요!"라고 하며 자동차를 천천히 앞으로 굴린다.
:: 엄마는 아이가 움직이는 자동차를 따라 발을 떼며 앞으로 가는지 살핀다.
:: 아이가 익숙해지면 엄마는 점차 속도를 조절하여 움직인다.
:: 바닥에 상자를 이용해 도로를 만든다. 그리고 아이를 차에 태우고 엄마가 밀어주며 놀이를 해준다. 이때 아이가 손을 자동차에서 놓쳐 넘어지지 않도록 주의한다.

> **놀이효과**
> :: 어린 영아에게 적합한 놀이며 신체발달과 신체의 균형감각, 손과 발의 근육을 강화하고 대근육을 발달시킬 수 있다.

달팽이집 짓기

놀이방법

:: 집에 있는 달팽이 블록이나 다른 동물 블록을 가지고 아이의 손등부터 어깨로 타고 올라가게 한다. 그리고 "즐겁게 춤을 추다가"란 노래를 "즐겁게 기어가다가 그대로 멈춰라! 즐겁게 기어가다가 그대로 멈춰라!"로 개사하여 부르며 놀이를 한다. 토끼 블록일 경우 "즐겁게 뛰어가다가"로 바꾸어 부른다.
:: 이번에는 아이의 발부터 무릎까지 똑같은 놀이를 한다. 그런 다음에 아이와 함께 달팽이처럼 기어가는 놀이를 '천천히, 빠르게'를 반복하며 한다.

> **놀 이 효 과**
> :: 신체에 대한 호기심을 높이고 집중력과 촉각, 신체발달을 이룰 수 있다.

과일채소 도장 찍기

| 놀이방법 |

:: 주변에서 흔히 볼 수 있는 과일과 채소에는 어떤 것이 있는지 알아보고 직접 관찰하면서 모양, 색깔, 맛, 촉감 등을 살펴본다.
:: 과일과 채소의 단면을 자르고 내부에 대해서 이야기를 나눈다.
:: 자른 단면에 다양한 색의 물감을 칠하고 도화지에 자유롭게 찍기 놀이를 한다.
:: 찍기 놀이를 한 뒤 창의적으로 그림을 꾸며본다.

> **놀 이 효 과**
> :: 과일과 채소를 관찰하면서 오감을 발달시킨다.
> :: 찍기 놀이를 하면서 형태에 따른 연상 작용과 색 감각도 키울 수 있다.
> :: 아이들의 그림은 처음에는 사물과 사건을 인지하고 그 경험을 바탕으로 하나의 작품을 만드는 것이다. 경험이 많으면 많을수록 창의적인 그림을 그려낼 수 있다.
> :: 그림을 그릴 때는 세밀한 묘사를 끌어내는 것보다 아이 스스로의 표현을 격려해 주는 것이 창의력을 증진시키는 데 도움이 된다.

블록 탑과 블록기차 만들기

| 놀이방법 |

:: 블록이 들어 있는 주머니를 꺼낸다. 그리고 "이 속에 무엇이 들어 있을까?"라며 주머니를 흔들어 소리를 들어본다.

:: 주머니에서 블록을 꺼내서 탐색해 본다.

:: 블록을 이용하여 탑을 쌓아본다. "이 블록으로 높이 탑 쌓기를 해보면 어떨까?", "하나, 둘, 셋, 넷……. 점점 높아지고 있구나. 쓰러지지 않도록 잘 쌓고 있네. 조심조심 몇 층까지 쌓을 수 있을까?"라며 대화를 나눈다.

:: 블록을 옆으로 길게 놓으면서 기차를 만들어 본다. "혹시 기차를 타 본 적이 있니?", "엄마랑 기차를 타고 할머니 댁에 다녀온 거 기억나니?", "기차는 어떻게 생겼었지?", "그래, 길어. 우리 기차를 만들어 볼까?" 등 탑 쌓기를 할 때처럼 대화를 나눈다.

> **놀 이 효 과**
> :: 블록이나 퍼즐, 만들기 활동은 아이의 아이디어를 실현시키는 좋은 재료이며, 이런 활동을 통해 모양, 도형, 균형감각, 눈과 손의 협응력을 익힐 수 있고 창의력도 증진된다.

정리놀이

놀이방법

:: 거실에 흐트러진 장난감을 같은 종류끼리, 같은 색깔끼리 분류해본다.
:: 분류한 장난감을 제자리에 놓도록 방 안에 인형코너, 자동차코너, 블록코너 등을 만들어서 마트놀이를 한다.
:: 커다란 바구니를 이용하여 분류한 장난감을 담아서 각각의 코너에 정리하도록 한다.
:: 이 밖에도 흐트러진 신발을 가지고 신발가게 놀이를 해보는 것도 좋다.

놀이효과

:: 어렸을 때부터 형성된 정리정돈 습관은 분류개념을 가지게 해서 학교를 다닐 때 체계적인 학습태도와 습관을 키우는 데 도움이 된다.
:: 올바른 정리습관을 통해 자신의 물건을 소중히 다룰 줄 알게 되며 그 과정에서 성취감도 느끼게 된다.

두뇌체조 놀이

놀이방법

:: 집중해서 놀이를 한 후에 두뇌를 쉬게 해주고 스트레스를 없애주는 활동을 해본다.
:: 놀이가 끝나면 편안하게 자리에 눕게 한다. 조용한 음악을 틀어주고 몇 분 동안 휴식을 취하게 해준다.

∷ 손을 이용해서 머리 마사지를 해본다. 양손 주먹을 이용해서 한 손 주먹은 위에, 다른 한 손 주먹은 아래로 해서 통통 두드리면서 "통통통통 털보영감님, 통통통통 코주부영감님, 통통통통 안경영감님, 통통통통 손을 머리에 팔랑팔랑 팔랑팔랑 손을 무릎에"라고 노래를 부른다.

∷ 엄마는 노래를 부를 때 "머리 오른쪽, 머리 왼쪽, 머리 뒤쪽, 머리 양쪽" 등 머리 부위에 주먹을 갖다 대고 아이가 따라 하도록 한다.

∷ 머리 마사지가 끝나면 처음에는 소리를 내지 않고 조용히 걷다가 조금씩 발소리를 내면서 걸어본다. 그러다 경쾌한 음악을 틀어주고 조용히 걷기, 조금 빠르게 걷기, 날아가면서 걷기 등 다양하게 행진을 한다.

놀이 효과

∷ **아이는 두뇌를 이용한 놀이를 하면서 즐거움을 느끼고 스트레스를 해소할 수 있다.**

에 필 로 그

창의두뇌가 날개가 된다

"변호사요? 굶어 죽을 판입니다."

최근 어느 신문의 기사제목이다. 갈수록 어려워지는 경제상황 때문에 고소득 직종의 대표주자 중 하나였던 변호사도 수입이 대폭 줄어 휴폐업을 하는 경우가 많다고 한다. 게다가 과거에는 전문분야도 없이 그저 수임된 사건의 변호를 맡기만 하면 됐는데 이제는 세분화된 법률서비스를 요구하는 사람들 때문에 전문성 없이는 살아남을 수가 없다고 한다.

엘리트 코스에 들어갔다 하더라도 전문성과 창의성이 없으면 도태될 수밖에 없는 시대가 바로 21세기이다. 어느 기업을 가더라도 인재의 최우선 조건으로 꼽는 것이 창의성이니 이제는 모두가 창의성을 갖추어야 한다.

그런데 누구나 다 창의성을 이야기하고 또 "나는 창의적인 사람입니다."라고 광고를 하지만 실제로 그런 사람인지는 알 수가 없다. 기업에서 면접을 볼 때나 사람들과 대화를 할 때 일시적으로 자신을 창의적인 사람으로 어필하는 것은 가능하다. 그러나 일상적으로 창의성을 발휘하는 것은 습관이 되어야만 할 수 있다. '창의성의 습관'은 창의두뇌가 제대로 발달되어야만 가능할 것이고, 창의두뇌의 발달은 어릴 때부터 꾸준히 이루어져야만 한다.

　사실 우리의 뇌는 어떤 정보나 행위를 인식할 때 충분히 반복되지 않아서 시냅스가 형성되지 않은 것에는 저항을 일으킨다. 그래서 습관이 몸에 익을 때까지 의식적으로 노력을 해야 하는데, 이때 최소한 21일이 걸린다. 21일은 생각이 대뇌피질에서 뇌간까지 내려가는 데 걸리는 최소한의 시간이다. 이런 '21일 법칙'에 따른 창의성 습관은 나중에 공부를 할 때도 많은 도움이 된다. 실제로 공부를 하는 학생들에게 21일 동안 공부하는 습관을 가질 수 있도록 하자 학습효과가 높아졌다는 것을 알 수가 있었다.

　생각이 뇌간까지 내려가게 되면 이제는 굳이 시키지 않고 의식하지 않아도 습관으로 자리 잡게 된다. 마치 비행기가 이륙을 할 때 100퍼센트의 출력을 해서 힘껏 날아오르지만 일단 비행에 성공하면 70~80퍼센트의 힘으로도 충분히 날아갈 수 있는 것과 같다.

　창의두뇌 발달도 마찬가지이다. '놀이'를 하면서 일상적으로 아이의 창의성을 발견하고 습관화하는 것이 중요하다. 창의성은 타고난 천재적인 재능이라기보다 많은 노력과 훈련을 거듭하면서 커진다. 그리고 이러한 노력과 훈련은 강제적이고 일방적인 주입식 교육이 아니라 놀이와 습관으로 이루어져야 한다.

    조변석개(朝變夕改)처럼 바뀌는 교육정책과 환경에 일희일비하지 않기 위해서는 부모가 먼저 올바른 잣대를 갖추어야 한다. 아이에게 무엇이 되라, 어떤 것을 하라는 식의 주문을 하기보다는 무엇이 되어도, 어떤 일을 해도 든든한 '믿는 구석'이 될 수 있는 창의두뇌를 먼저 만들어 두자. 창의두뇌는 아이가 자신의 길을 찾아가는 데 훌륭하고 튼튼한 날개가 되어줄 것이다.